Henri Boulad

WER VERGIBT, IST GOTT ÄHNLICH

Henri Boulad

WER VERGIBT, IST GOTT ÄHNLICH

Aus seinen Vorträgen herausgegeben
und aus dem Französischen übersetzt
von Hidda Westenberger

OTTO MÜLLER VERLAG

www.omvs.at

ISBN 978-3-7013-1202-3

© 2013 OTTO MÜLLER VERLAG, SALZBURG-WIEN
Alle Rechte vorbehalten
Satz: Media Design: Rizner.at, Salzburg
Druck und Bindung: Druckerei Theiss GmbH, A-9431 St. Stefan
Coverbild: Anneliese Di Vora, DiVo-Art

INHALT

①

WER IST HENRI BOULAD?
Vorwort der Herausgeberin
7

②

GOTTÄHNLICHKEIT?
13

③

SEINE SORGE, SEIN BUND, SEINE GEDULD
21

④

SCHULD UND VERGEBUNG IM FAMILIENVERBAND
33

⑤

LIEBE AUF LEBEN UND TOD
45

6
VERGEBEN – JA, VERGESSEN – WIE?
55

7
MUTPROBE FEINDESLIEBE
66

8
WELCHE BEICHTE?
83

9
DER ZUKUNFT ZUVORKOMMEN
102

10
ZWEI GEBETE
116

KAPITEL EINS

WER IST HENRI BOULAD?

*„Wenn du deinen Bogen der Wahrheit
spannst, dann tauche die Pfeilspitzen
in Honig."*
(arabische Weisheit)

Der ägyptische Jesuitenpater Henri Boulad, ein vom Geist entflammter Mystiker und zugleich intellektueller Denker westlicher Schulung, hält schuldhafte Vergangenheit für korrigierbar. Echte Reue und wahre Vergebungsakte sind kein psychologisches Thema, sondern geistiges Geschehen auf höherer Ebene und damit ein unerlässliches Element unserer individuellen Auferstehung. Nicht irgendwann, sondern **„heute noch"** wird dem Verbrecher am Nachbarkreuz das Paradies versprochen. Dazu in der lebendigen Gemeinschaft mit Christus, **„mit mir"**, sagt er zu ihm. Schuldhafte Vergehen geistig ungeschehen machen? Ein Trost für jeden, der das versteht und annehmen kann. Pater Boulads Sehensweise hier und jenseits von Raum und Zeit und in gewisser Weise schon am Zielpunkt, wo der Mensch vollendet und **„Gott alles in allem"** sein wird, erläutert dieses Buch in vielen Aspekten und Beispielen – getragen von einer unbesiegbaren geistlichen Freude.

Das Wesen der Vergebung betrifft ausnahmslos jeden von uns, aktiv oder passiv, aufgrund von Verletzungen und Schuldzuweisungen, von Gewissensplagen und Selbstanklagen oder gar Höllenängsten, oder in der bedingungslosen Liebe, die wir erfahren dürfen oder selber spenden. Ein Buch unter diesem Titel kann von diesem beliebten Autor, den wir bereits aus 14 Büchern kennen (sämtlich in Österreich verlegt), nur eine Werbeschrift für die Vollkommenheit der Gottesliebe sein, aus der niemand herausfallen kann. Seine Leserinnen und Leser wissen seit Jahren, dass das, was er sagt, auf persönlicher Erfahrung gründend, authentisch und leidenschaftlich dargebracht wird. Henri Boulad vermittelt Heilsgewissheit. Und was braucht unsere Christenwelt heute notwendiger als das? Die christlich orientierten Medien genieren sich nicht, ihn als einen **„wahren Propheten unserer Zeit"** zu verkünden.

Henri Boulad ist arabischer Christ, 1931 in Alexandria geboren, wo er noch immer lebt, syrisch-libanesischer Abstammung. Seine Konfession ist griechisch-katholisch, also mit Rom uniert, sein Ritus byzantinisch. Er zelebriert die Heilige Messe in drei verschiedenen Riten: koptisch-katholisch, griechisch-katholisch und römisch-katholisch. Wenn er durch Europa tourt, seine begehrten Vorträge hält und Messen liest, dann singt er zuweilen unvermittelt einen arabischen Liedtext in fremdem Klang, oder er entlässt die Teilnehmer mit einem koptischen Segen.

Aus einer echten Levantinerfamilie des Orients stammend, sind seine Muttersprache und seine Kultur natürlich französisch. So erhielt er auch, ohne einen französischen Pass zu besitzen, hohe französische Verdienstorden (Ordre National du Mérite und Ordre des Palmes Académiques). Seine Bücher, die ich aus dem Vortragsmaterial bereite und ins Deutsche übersetze, enthalten bewusst einige französische Sprachspuren (mit Übersetzung), um dieses für ihn typische Flair zu erhalten.

Sechzehnjährig wurde Henri Boulad wie von einem geistigen Blitzstrahl getroffen – sein Berufungserlebnis! Das war so klar, dass er heute noch die Uhrzeit auf der alexandrinischen Terrasse des elterlichen Hauses abrufen kann, es war um drei Uhr nachmittags. Seit dieser Stunde änderte sich für ihn der Sonnenlauf. Alle Träume warf er über Bord und mit ihnen sein künstlerisches Talent. Ab sofort wollte er sein gesamtes künftiges Leben **„Gott zur Freude im totalen Dienst am Menschen"** zur Verfügung stellen. Und bis heute gibt er sein Äußerstes, wobei weder die spirituelle Energie noch die Menschenliebe, die jeder in seiner Nähe spürt, nachlassen. Noch immer könnte er das Wort „Urlaub" nicht einmal buchstabieren.

Ich verbürge mich für alles, was ich hier sage, da ich ihn seit über 30 Jahren kenne. Davon habe ich mehrere Jahre in seinem Land verbracht, wo mein Mann für die Weltgesundheitsorganisation tätig war. Jahre später schmunzelte ein Salzburger Bildungshausleiter, der ihn vor dem Vortrag einführte: „Frau Westenberger hat ihn in der ägyptischen Wüste entdeckt und ihn uns mitgebracht". Aber schon bald zu Beginn dieser Entdeckung in Alexandria flüsterte mir meine dortige Freundin die unvergessenen Worte zu: „Wir müssen sein Terrain vergrößern, täglich sollte er im europäischen Fernsehen sprechen, dann wäre vieles gerettet". Nun, es gibt die Bücher und die Vortragsreisen.

In diese lässt er sein Leben fließen, alles ist Erfahrung. Dank auch dem legendären „Bandwurm" einer Jesuitenausbildung – 14 Jahre, die er zwar ungeduldig, aber folgsam in Beirut, Paris und Chicago absolvierte. Seine Fächer waren Theologie, Psychologie, Philosophie, Mystik und Literatur – herrliche Fächer! Der hochmobile Orden setzte ihn dann auf sehr gegensätzlichen Feldern ein, z.B. 12 Jahre als Leiter der CARITAS-EGYPT, fünf davon als Vizepräsident der CARITAS INTERNATIONALIS. Prägende Jahre! Deshalb finden wir auch in diesem vorliegenden Buch seine wiederholte Warnung vor der **„infektiösen sozialen Sünde"**, weltweit immer gefährlicher werdend, die er deshalb als Erbschuld klassifiziert. Er appelliert an alle Vernünftigen, die Weichen anders zu stellen, bevor es zu spät ist. Viele Jahre war er auch Direktor von drei Kairoer Jesuitenschulen mit 1.600 Schülern, 60 Prozent davon Muslime – mit nicht unkomplizierter Elternschaft.

Sein Markenzeichen als Exerzitienmeister und Vortragender zwischen Kanada, Europa und der arabischen Welt bleibt die Reisetasche mit dem Flugticket. Er liebt, ja er verehrt die Europäer und glaubt fest an ihr großes Projekt. Er kennt den Menschen. Er kennt unsere Welt. Er kennt den Islam. Er lebt mit Gott, seinem Geliebten, in zärtlicher Vertrautheit, setzt Signale für uns und sensibilisiert uns für unseren Auftrag. Und bei allen Begegnungen spüren die Menschen das Wahre, das Ehrliche, das Radikale. Dabei spricht er, fast möchte ich sagen, in der gelassenen Heiterkeit mancher Heiliger. Mit dieser Empfindung bin ich nicht allein.

Eigentlich ist dieses Buch bebildert. Es hat eine Fülle lebendiger Szenen in Kraft und Farbe. Denn das Erzählerische hat ein Orientale im Blut. Und wie oft ist von der Liebe die Rede, der Feindin des Bösen! Die Liebe vergibt, denn sie versteht, auf der geistigen Ebene zu handeln, zu opfern, und eine vergebende Person gottähnlich zu machen. Doch eines ist dieses Buch nicht – ein Studienobjekt für Theologen. Hingegen wird es mit spürbarer Hoffnung dem spirituell Suchenden und oftmals irritierten Laienchristen in die Hände gelegt. Der Stil bleibt auch im deutschen Text leicht eingängig wie wir ihn im französischen Original in freier Rede an den Mikrofonen kennen, immer im Augenkontakt mit seinem Publikum, fassbar, existenziell, temperamentvoll.

Sein Angelpunkt, sein Herzensanliegen, ist der Mensch und dessen Reifung zur Auferstehung. Es ist die Einzelperson in Gottes Hand, die sie für die Ewigkeit schützt und bereitet. Und er braucht unser Mitwirken in den Akten zwischenmenschlicher Vergebung. Reue und Versöhnung als Reinigungsvorgang auf dem gemeinsamen Weg zur Vollendung. Henri Boulad schaut in mystischer Kraft diesen Glutkern der Auferstehung in jedem von uns.

Für dieses lebenswichtige Thema der Vergebung entfaltet er diverse Ebenen. Die **geheime, intime** Ebene des Schuldgefühls und der stillen Reue. Die **schmerzende Ebene** unserer Beziehungswelt – Liebe und Ehe, Eros und Agape, Jugendarbeit. Die **heroische Ebene** der Feindesliebe, welche friedensstiftend vom Privaten bis ins Politische reicht. Die **schwierige Ebene** der amtskirchlichen Vergebungsbitten, die Papst Johannes Paul II. in Gang brachte, oder der neue ökumenische Ansatz. Die **sakramentale Ebene** der klassischen Beichte, aber auch eine Beichte im Zeichen des „Allgemeinen Priestertums" (letztes Konzil) unter den Gläubigen, nicht weniger wirksam.

Und wie soll man diesen Geistlichen einordnen? Progressiv-liberal oder konservativ? Am besten in keiner Weise, er hasst für sich wie für andere Etiketten und Schubladen. Boulad hat Demut. Revolutionär ist er nicht, Tradition und Moderne mag er nicht streiten sehen, er will die Lager lieber verbinden und stärken, weil beide ihren Anteil an der Wahrheit haben. Christus, die Wahrheit selbst sammelt ein in Weisheit. Sein derzeitiger Vorgesetzter, der Provinzial im Libanon, gab ihm deshalb den Auftrag, eine Synthese des heutigen Glaubens zu verfassen – gemäß der von Papst Johannes Paul II. geforderten „Neuevangelisierung". Aber seit Jahrzehnten schon lanciert Henri Boulad diesen Appell, denn er weiß nur zu gut, dass andere Wege in einer neuen Sprache der Lehrverkündigung gesucht und gefunden werden müssen. Wenn nötig, sogar über die Beschlüsse des letzten Konzils noch hinaus. Hinweise für eine erweiterte Handhabung der Sakramentenspendung können in diesem Buch gefunden werden.

Er sucht und ermutigt auch uns. Wir kennen ja seinen Ausruf: „**Ich möchte dem Dekalog ein 11. Gebot hinzustellen – DU SOLLST SUCHEN!**"

Hidda Westenberger
Herbst 2012
Klagenfurt am Wörthersee

KAPITEL ZWEI
GOTTÄHNLICHKEIT?

Vergebung und Versöhnung stammen aus Gott, es ist göttliches Tun durch den Menschen. So ist jeder versöhnungsbereite Mensch Gott ähnlich. Bereits beim leisen inneren Anruf und unserer heimlichen Zustimmung weitet sich unser Menschenherz und wird größer als das Erscheinungsbild einer fremden Schuld. Schadlos wird es diese dunklen Schatten absorbieren, weil es am stillen, tiefsten Grund um die Liebe aller weiß. Wir sind ausnahmslos Kinder Gottes, wir sind Geschwister. Wer diesem anspruchsvollen Modell der Gottähnlichkeit folgen will, wird auch äußerlich zum erkennbaren Gotteskind werden und damit zum Botschaftsträger.

Gott ist wesenhaft nicht nur jenseits von Gut und Böse denkbar, sondern viel mehr, Gott ist in seiner unerschöpflichen Freiheit selbst das Gute. Göttliche Freiheit überflügelt alle Bindungen und Vorstellungen, selbst jene, die sichtbar Gutes schaffen und erhalten wollen. In dieser souveränen Freiheit ist Gott auch stärker als alle irdischen Verschuldungen und das hat einen Namen: Liebe. Hier beginnen wir, ihn zu begreifen, denn die Liebe ist in all ihrer Vitalität und Schönheit nicht nur höher anzusetzen als das gepriesene Gute, sie ist mehr, sie ist immer noch mehr. Ja, ohne die Erhabenheit des Guten und Rechten zu mindern, kann die Liebe dich von jeglicher Schuld befreien! Christus verschenkt sein Verzeihen an uns millionenfach jeden Tag unter diesem Namen „Liebe". Allerdings mit der stillen Bitte angebunden, dass auch wir uns sensibel in unserer Umwelt bewegen, um zu erspüren, wo eine Vergebung dringend gebraucht wird.

Und der Himmel wird sich immer beteiligen, denn jede „Alltagsvergebung", jedes einzelne Pardon ist ein geistiger Sieg über das Böse und Schlechte, das die Welt in Atem hält. Denn es hat mit Liebe zu tun. Sie bleibt als göttliche Energie und Weisheit das tiefste Weltgeheimnis und sie inspiriert uns leise: **„Du bist Gott ähnlich, weil du vergeben kannst."** Jede Vergebung bringt dann Neubeginn, denn die Begriffe Vertrauen und Auferstehung wirken in ihr im Verborgenen und fordern das Böse heraus. Wie ist das möglich? Es ist möglich, weil das Verzeihen wissentlich oder unwissentlich auf der Basis der Liebe vollzogen wird und sie ist die Feindin des Bösen.

Wer vergibt, verliert nichts, er gewinnt! Er gewinnt, weil er wächst und er wächst über sich hinaus. Dieses Wachstum wird sich später erweisen und es wird ihm und anderen hilfreich sein. Zu jeder Zeit und in allem Umfang ist die Vergebung ein Anruf zur Selbstüberwindung, die fähig macht, das Unrecht des anderen in den eigenen stillen Grund hineinzunehmen, um dort vernichtet zu werden. Dann sprechen wir vom Ungeschehenmachen eines Vergehens und denken an den Sinn des christlichen Kreuzes. Schuld ungeschehen machen, indem sie im Abgrund der Liebe verlosch.

Aber, wie kann es anders sein, die groben Rückfragen dauern an: Der Mensch soll gottähnlich handeln? Das ist Hochmut oder Schwachsinn. Keineswegs, denn Christus selbst hat es uns geboten. In der Bergpredigt, die man auch die Rede von der wahren Gerechtigkeit nennt und in der selbst die Feindesliebe nicht fehlt, finden wir eine sachliche Mahnung: **„Ihr sollt vollkommen sein, wie es auch euer himmlischen Vater ist."** (Mt. 5, 48) Dieser bizarr anmutende Appell kommt also von göttlicher Seite, er traut es uns zu. Kein unmögliches Ideal wurde uns in unser Herz gesenkt, aber ein höchstmöglicher Anspruch, denn es geht hier nicht um menschenfreundliche Warmherzigkeit, sondern um das Totale, um eine Barmherzigkeit göttlicher Qualität.

Richtig. Wir sollen den Gottesqualitäten nacheifern, nichts weniger als das! Gerade dieses steile Ideal macht die Faszination unserer christlichen Religion aus, gerade das mutmaßlich Unerreichbare stimuliert, ist aber als geistiger Motor in unserer Geschichte nicht immer erkennbar. Ein unendlicher Raum der Sehnsucht liegt ständig vor uns, der unser Antrieb ist, einem bestimmten Stern etwas näher zu kommen. Das ist die göttliche Pädagogik und das ist unsere Berufung, die wir mit in diese Welt gebracht haben. Hoffentlich wird es uns gelingen, Schritt um Schritt Erkenntniswissen zu erwerben, vor allem über dieses leuchtende Prinzip. Und über den persönlichen Anruf Gottes, unsere Freiheit und Verantwortung in der bestmöglichen Weise einzusetzen.

Einfach stehen die Dinge nicht um das zwischenmenschliche Verzeihen, zunächst scheint der Weg vermauert, man urteilt in die falsche Richtung, oder verwirft das Neue Testament als unrealistisch. So etwa die literarische Gestalt des klagenden Dorfgeistlichen Don Camillo, der, obwohl stark wie ein Bulle, eines Tages eine saftige Ohrfeige aus seiner Gemeinde bezogen hatte. Als gelernter Priester reichte er sofort die andere Wange hin und schon klatschte es zum zweiten Mal. Originell liest sich darauf die Verwunderung des Betroffenen: **„Da muss uns Jesus wohl etwas unterschlagen haben, denn wie geht die Sache weiter?"**

Um die wahre Kunst des Verzeihens im Sinne Gottes zu meistern, müsste man die zahllosen Mäander eines Vergehens kennen und über das Blickfeld Gottes verfügen. Diesen Menschen gibt es nicht. Daher mag es den Doppelschlag geben.

Oder wir lassen im Ausbleiben der Vergebung die eigene Schuldzuweisung im Innern wuchern bis hin zum Extrem von Selbsthass und Zerstörung. Was für eine Palette! Ein Verzeihen vollkommen gerecht auszusprechen setzt voraus, die verdunkelte Situation in ihrer Komplexität vollkommen zu kennen. Dafür braucht es den „Beistand", den „Advokaten" – den Heiligen Geist. Wir sind nicht allein. Bereits die Regung, sich unter Stöhnen und Ächzen, aber vergebungswillig, mit dem Fall zu beschäftigen, zeugt von Nächstenliebe im Sinne Gottes und er wird diesem Versöhnungsansatz Weisheit und Energie stiften. In Französisch nennt man es **„un supplément d'âme"**, ein Zuschuss an Seelenkraft, sprich **Gnade**, ohne die es nicht geht. Wenn es gelingt, dann nicht allein durch unsere freundlichen Worte und Zeichen, sondern durch Gottes geheime Beteiligung, nachdem wir uns geöffnet hatten und Versöhnungswillen zeigten. So fand er Zugang. Diese geheimnisvolle Kraft in uns ist göttlicher Natur, menschlich ist unsere Zustimmung.

Wie engherzig und kleinlich hingegen unsere Menschennatur sein kann! Sie misst und wägt und kalkuliert, als sei sie nur für merkantiles Zweckdenken programmiert: ich gebe..., du gibst. Ich zahle..., du zahlst. Ich liebe..., du liebst. Das ist nicht Gottes Wesen, nicht Gottes Liebe, diese hat die Wahrheit am Grund, sie ist Schöpferkraft, sie ist Erlösung für die Kreatur. Und ihr sollen wir ähnlich werden? Aber ja! Beginnen wir mit einem hohen Maß an Empathie. Stellen wir uns vor, wie sehr sich unser Nächster die Versöhnung wünscht, wie er auf eine Annäherung wartet, auf ein Zeichen, auf einen spürbaren Versuch. Gehen wir ihm doch entgegen! Retten wir ihn aus seiner heimlichen Einsamkeit, in die er sich mit seinem Problem hineinmanövrierte und das uns bekannt ist. Ringen wir uns durch, dem andern freimütig und völlig neu zu begegnen. Es kann nicht anders sein: Dem spirituell etwas Geübten werden sich die grenzenlos verzeihenden Augen Gottes über dem Geschehen zeigen.

Verzeihen macht demütig, es bringt uns zur Einsicht, dass wir uns miteinander noch im Prozess des Werdens befinden. Jeder bleibt einmal stecken, Schuldige wie Unschuldige, die mit in diesen Strudel gesogen werden. Unser Weg verläuft zögerlich, dafür ist das unschuldige Kleinkind in seinem Bemühen, gehen zu lernen, ein einfaches Symbol: wie oft verliert es sein Gleichgewicht!... Sollte Gott unter dem Niveau einer menschlichen Mutter handeln, die ihrem Kleinen unzählige Male wieder aufhilft, wenn es fällt? Oder wird sie es verprügeln, ihm den süßen Brei verweigern? **„Der Gerechte fällt am Tage siebenmal"**, heißt es. Wir alle sind Kleinkinder auf unsicheren Füßen, üben wir uns deshalb in der Geduld einer Mutter und vergeben wir einander. Gott wartet. Er hat für uns Menschen einen langen Erfahrungsweg geplant – wie eine Mutter. Und er weiß wie sie, dass wir eines Tages im vollen Wortsinn aufrecht gehen werden. Dafür ist das reinigende Verzeihen notwendig. Immer wieder.

Dann wendet er das Blatt und zwar ganz. Und nicht nur das, Gott lässt den Menschen „wie neu geboren" sein. Wir kennen die liturgischen Flüsterworte des Zelebranten zur Opferbereitung am Altar: **„Gott, du hast den Menschen in seiner Würde wunderbar geschaffen und noch wunderbarer erneuert..."** Die Erlösung des Menschen durch das Kreuz bedeutet kein glattes Pardon und alles ist wieder in Ordnung, nein, mit dieser Schuldauflösung am eigenen Leib, die uns sonst bis zur Wurzel zerstört hätte, begann die neue Schöpfung. Durch Gottes Liebeswillen wurde das Alte umgewandelt, weil es gefährlich falsch gelaufen war.

Es ist meine tiefe Überzeugung, dass aus Bösem unvermutet und bedingungslos Gutes werden kann. So geschieht es mir gelegentlich, wenn ich bete oder meditiere, dass ich Böses um mich her als effektive Quelle eines Guten erkenne. „Alles ist Gnade" lautet der Titel eines meiner Bücher über das Mysterium der Zeit. Unbeabsichtigtes Fehlverhalten oder aktiv begangenes Unrecht kann, so Gott will, einem höheren Gut dienen. Diese persönliche Erfahrung ist mir eine Quelle inneren Friedens und freudigen Trostes. Besonders dann, wenn sich unser angestrengtes Tun wieder einmal als nutzlos erweist oder nur als mageres „Stückwerk", wie es der unermüdlich arbeitende Apostel Paulus nannte. Aber wir wollen doch Großes leisten! Glauben wir, dass ein ersehnter Fortschritt selbst mit dem Instrumentarium unserer Fehler und Mängel gelingen wird.

Für mich bedeutet ein Versöhnungsschritt weniger einen Schritt, es ist vielmehr ein Sprung. Ich will die heikle Zone meines Nächsten überspringen und ihn in seinem hellen Lichtraum erblicken, den ich voraussetze. Ich weiß, meine Hinwendung stimuliert das Gute in ihm und veranlasst es, sich zu manifestieren. Ein Erlösungsgeschehen! Global gedacht bedeutet es, dass Jesus nicht einfach kam, um die Erde moralisch zu säubern, sondern um alle guten Kräfte in uns zu wecken, sie uns bewusst zu machen, uns anzuspornen. Wir stoßen oft schmerzhaft an Grenzen, können aber über viele hinauswachsen. Zunächst brauchen wir Träume, Ideale, Ziele, und dabei hilft die Erkenntnis der Sakralität unserer Welt. Christus wollte Mensch werden, um Mensch und Erde zu heiligen, er wollte ganz in unser Leben eingehen, um es zu vergöttlichen. Unser kleiner geheiligter Alltag lag ihm zutiefst am Herzen. So kann der Glaube Fleisch annehmen.

Leider suchen heute viele Christen ganz woanders ihr Heil und verharren dann am Wegrand voller Zweifel. Die strahlende Botschaft Jesu, Gott sei die vollkommene und vergebende Liebe, mag an ihnen vorbeigegangen und der Vollzug des eucharistischen Opfers unverstanden geblieben sein. Was oder wer soll aus dieser Liebe herausfallen? „**Gott will, dass ALLE Menschen gerettet werden und zur Erkenntnis der Wahrheit gelangen**", schrieb Paulus im Brief an seinen engsten Gefährten, Timotheus, der erleuchtet schien wie er selbst. Ja, ERKENNTNISWISSEN erlangen! Apostolisch in unserer Zeit wunderbar formuliert vom britischen Kardinal David Hume (gest. 1999): „**Wir müssen die Menschen dorthin führen, wohin sie sich nicht einmal zu träumen wagen.**"

Alles ist gut, alles wird gut, und es ginge weit besser voran, wenn man nicht den mystischen Geist tiefgefroren hätte, denn das Phänomen **Mystik** fehlt heute in der offiziellen kirchlichen Verwaltung, ein Grund für nicht wenige Christen, woanders nach ihm zu suchen. Und wem nützt ein hyperaktiver Geistlicher ohne Mystik, er schafft nur Durchzug, heißt es. Große Christen waren immer beides, Männer und Frauen der Tat und der tiefen Kontemplation, frische Kraft schöpfend aus der persönlichen mystischen Erfahrung, geerdete Mystiker mit Brennpunkterfahrung.

Das Wort **Mystik** stammt zwar aus dem griechischen **myein** und bedeutet „geschlossene Augen", aber eine Flucht ins Innere ist sie keineswegs. Noch weniger führt ein tänzelnder Weg zu ihr, **Mystik light** gibt es nicht, im Gegenteil, es gibt eines Tages das Glücksgefühl, sein Kreuz in ganzer Freiheit anzunehmen. Ein aktiver Vergebungsakt kann ein Kreuz bedeuten, das der Selbsthingabe Gottes an uns Menschen ähnlich ist. Und im allgemeinen Tagesablauf ist die mystische Gotteserfahrung so grundsätzlich, so tief, so still, dass sie schon wieder einfach ist. Wie alles Große. Und tragend.

Vergebung zwischen Himmel und Erde. Vergebung zwischen uns Menschen. Auf diesen beiden Ebenen spüre ich eine Art Wertegleichheit im Licht unserer Gotteskindschaft. Menschen können sich gegenseitig, wenn es demütig, aufrichtig und gläubig geschieht, die ihnen bewusst werdenden Sünden vergeben. Auch ohne den Sanktus des Priesters. Weil, tiefer gedacht, Gott ohnehin durch jeden glaubensoffenen Menschen agiert. Alles ist ein einziges, grandioses Gefüge, alles entspricht sich, denn die Zusage aus der Offenbarung **„Gott wird alles in allem sein"** (1 Kor, 15, 28) ist schon angelegt in dieser Welt – und wirkt. Der Vergebende handelt Gott ähnlich. Er leistet den notwendigen individuellen Beitrag zur allumfassenden Friedensstiftung in dieser Welt.

KAPITEL DREI

SEINE SORGE, SEIN BUND, SEINE GEDULD

Nun aber die alles entscheidende Frage: Welches Gottesbild beherbergst du in deiner Brust? Etwa noch immer jenes aus frühen Tagen vor dem Zweiten Vatikanischen Konzil (1962-1965), das uns im Rahmen der verhassten Religionsstunden mehr genommen als gegeben hatte? Sie zeigten uns Gott nicht als gütig verzeihenden Vater, sondern als Spion, der uns auflauert an jeder Wegbiegung, immer bereit, uns abzurichten für Zeit und Ewigkeit. Wie viele Generationen fühlten sich folglich schon beim Stichwort „Religion" terrorisiert?! Auch ich! Und aus meiner späteren Arbeit und priesterlichen Menschenkenntnis weiß ich, dass Generationen gutwilliger Christen für ihr Leben gezeichnet wurden. Tragisches Resultat: Glaubensverlust und Kirchenspott.

Die ehrwürdige Kunstgeschichte und der allgegenwärtige Kunstbetrieb leisteten und leisten, was die Inhalte betrifft, ihren Beitrag zum Gottesbild der Menschen. Großes und Leuchtendes in Hülle und Fülle, aber auch Höllenszenarien mit feuerspeienden Ungeheuern und vielem mehr. Oder das verewigte Leid der Verdammten zu Füßen des zorngeladenen Herrn in der Sixtinischen Kapelle, in dessen Drohgewitter sich die Papstwahl durch das Kardinalskollegium vollzieht! Niemand kann bestreiten, dass dieses Bildmaterial suggestiv mitarbeitet.

Auch heute? Eine gute Bekannte meiner Generation in Kairo, katholische Christin, fährt mir bisweilen über den Mund, wenn ich Gott erwähne: **„Ach, Henri! Du mit Deinem ewig ver-**

drießlichen, cholerischen Freund!" Verdrießlich und cholerisch konnten zumindest die Geistlichen sein! Ein betagter Mann erzählte, wie er als wissbegieriger Ministrant einmal im Messbuch las, der Herr Pfarrer hinzukam und ihm Ohrfeigen versetzte, die er nie vergessen hat. **„Das ist nichts für Kinder!"**, hatte er bemerkt.

Ich höre wohl auch den Hohn und Unmut dieser Frau, wenn ich vor einem der großen, alles durchdringenden Gottesaugen stehe, die man in der Kuppel über der Vierung oder über dem Hochaltar und auch am Portal vieler älterer Kirchen findet. Das soll gewiss nicht aufbauend auf den Besucher wirken, sondern bedrohlich und warnend. Dieses durchbohrende Auge des Allerhöchsten: Es sieht alles. Es weiß alles. Es geht mit dir. Und neben ihm, vergiss es nie, tut sich immer die Hölle auf. Einst habe ich auf einer russischen Ikone gleich sechs dieser Gottesaugen entdeckt, die mich gleichzeitig fixierten. Wer wendet sich da nicht ab?

Dieses scheußliche **„Achtung, Gott sieht dich!"** hat voll entsprechend eine Mentalität der Gottesverweigerung hervorgebracht, irreparable Schuldkomplexe, lebhafte Psychosen und vieles mehr. Es gibt genügend authentische Berichte empörter Ärzte über Menschen, die an der Angst vor der ewigen Verdammnis buchstäblich erkrankten. Einige haben sich zu Tode gefürchtet. Hierzu eine wahre Begebenheit aus meiner griechisch-katholischen Kindheit in Alexandria, über die man sich damals heiß redete. Ein pubertierender Internatsschüler findet keinen Schlaf, weil man ihm eingebläut hatte, dass das, was er wieder einmal getan hatte, eine Todsünde sei – die Masturbation. Und die Angst vor der verpflichtenden Beichte gab ihm noch den Rest. Das arme Kind, mutterseelenallein mit seiner Höllenangst, erhebt sich bebend und wagt sich bis zur Tür des diensthabenden Geistlichen, kann sich aber nicht überwinden, anzuklopfen. Es kehrt zurück, ohne Beichte... Am Morgen hat man den Jungen leblos in seinen Kissen gefunden. Todesursache: Herzversagen.

Die Kirche hat sich diesen tiefen Schrecken der Hölle früher dienstbar gemacht. Im gegenseitigen Einvernehmen mit den großen Künstlern des Okzidents. Es herrschte eben diese Moral einer lebensbedrohlichen Schuld.

Ist die Christenheit nun mündig geworden? Oder plagt sie noch immer Gram und Schuld ohne Ausweg? Weiten wir doch das herrliche Johanneswort über unsere Eigenverurteilung aus, es zählt wohl zu den wichtigsten überhaupt: **„Wenn unser Herz uns auch verurteilt, Gott ist größer als unser Herz"** (I Joh. 3, 20), und sprechen wir leise: **„Wenn die Kirche uns auch verurteilt, Gott ist größer als die Kirche"**. Ich weiß allerdings nicht, wie viele Beichtväter heute noch die Absolution verweigern. Das Zweite Vatikanische Konzil war ein Heilvorgang. Es bemühte sich in den Jahren und Jahrzehnten danach sehr darum, viel Sonne hereinzulassen. Wir besitzen 16 bedeutende Konzilsdokumente, besät mit positiven Überraschungen (manche kontrovers, das gehört dazu). Vor allem erwähne ich für unser Thema ein Papier: **„Dignitatis humanae"**, es ist die Erklärung der Rechte auf **Religions- und Gewissensfreiheit**. Endlich! Die Gewissensfreiheit wurde zum Menschenrecht erklärt, und das vonseiten der katholischen Kirche!

Man versucht nun, mit allen Mitteln, die schwarzen Kapitel der Geschichte zu korrigieren und den Menschen gänzlich freizusprechen – das Gegenteil als therapeutische Maßnahme also, bei der wiederum die spirituelle Komponente gänzlich zu fehlen droht. Hier besteht dringender Handlungsbedarf: Es muss ein neues Gottesbild her, denn dem alten sind wir unbewusst noch immer verhaftet. Schon im Jahr 48, zur Zeit des Apostelkonzils in Jerusalem, an dem Paulus mit Titus teilgenommen hatte, schrieb Paulus an ihn: **„Erschienen ist die Güte und Menschenliebe Gottes, unseres Retters"** (Tit 3, 4). Das kann man doch in einem Zeitraum von 2000 Jahren nicht überlesen haben!

Michelangelo und andere Genies seiner Zunft haben die zentimeterweise dargestellten Schrecken nicht aus Lust und Laune frei erfunden. Die Vorlage können wir im Alten Testament auf vielen Seiten finden. Möglicherweise ist hier zu schlussfolgern, dass eine permanent aggressive und kriegerische Gesellschaft ein ihr angepasstes Gottesbild produziert hat. Ein spitzes Sprichwort stammt vermutlich aus dieser Ecke: **„Gott hat den Menschen nach seinem Bild geschaffen und der zahlt es ihm ordentlich zurück."** In anderen Worten, das schlimme Bild eines nie verzeihenden Rachegottes wäre die Projektion einer bestimmten Mentalität und Gesellschaftsform, geprägt von unvergebener Schuld, Hass und Vergeltung.

Doch immer haben wir unter uns die Tiefleser und die Flachleser. Die einen wissen, dass bereits im Alten Testament der vergebende Gott zu finden ist. Die anderen bestreiten es. Gott ist für den aufmerksamen Leser beider Testamente großzügig, verzeihend und vergessend. Wer ihn mir als kleinlichen Buchhalter verkündet, erzürnt mich. **„He keeps record"** (er schreibt mit), wie man im Englischen sagt, scherzhaft oder drohend, je nachdem. Nein, Gott ist groß, weil er verzeiht. Auch der Mensch ist groß, wenn er verzeiht, denn **„Gott schuf ihn als sein Abbild"** (Gen. 1, 27).

Schon in sehr früher Zeit gab es Hinweise auf die jesuanische Offenbarung, das heißt auf den sich eines Tages offenbarenden Liebesgott in der Gestalt des Christus, der göttlichen Person, des Logos in Menschengestalt. Sich offenbaren heißt, er war seit allem Anfang gegenwärtig, aber verborgen und inspirierend die Erlösung verheißend. Bis heute ist er der ewig treue Gott des Menschen, der uns Heilsgewissheit gibt und von sich selber sagt, dass er verzeiht: **„Ich gieße reines Wasser über euch aus und ihr werdet rein... ich schenke euch ein neues Herz und lege einen neuen Geist in euch... ich nehme das Herz von Stein aus eurer Brust und gebe euch ein Herz aus Fleisch."** (Prophet Ezechiel 36, 25-26) **„Wären eure Sünden rot wie Scharlach, sie sollen weiß werden wie Schnee und wären sie rot wie Purpur, sie sollen weiß werden wie Wolle."** (Prophet Jesaja, 1, 18) Die entscheidende Wende im Gottesbild des Alten Testaments erleben wir etwa im 8. Jahrhundert v. Chr., es ist die Epoche der Propheten, ein Einbruch des göttlichen Geistes. Durch diese hochkarätig inspirierten Männer gelangten die Menschen endlich zu einem Gottesbild des Mitleids und der Vergebung. Die großen Propheten dieser Zeit haben die radikale Umkehr in der Geschichte Israels und seiner Auffassung über das Gottwesen eingeläutet.

Früher noch, um 1000 v. Chr., haben wir die Textdichtung König Davids, einen der bekanntesten Psalmen (51), der bis heute in tausend Schriften wiedergegeben wird. Es ist ein verzweifelter Aufschrei zu Gott, ein Flehen um Vergebung gleich mehrerer in sich verschachtelter Sünden. In seiner wilden Not liefert er sich Gott vollkommen aus – und gewinnt Zuversicht, das ist das Entscheidende! **„... aber der lautere Sinn im Verborgenen gefällt dir, im Geheimen lehrst du mich Weisheit... gib mir einen neuen beständigen Geist... mach mich froh mit deinem Heil..."** So schrie ein König zu Gott, nachdem ihm seine Niedertracht bewusst geworden war.

Eingekleidet in eine starke Bildrede beschreibt dann ca. 600 v. Chr. der Prophet Ezechiel das Dauerszenario menschlichen Betrugs gegenüber Gott und den Mitmenschen. Ich fasse zusammen: Gott begibt sich in Königsgewändern unter sein Volk. Da gewahrt er ein geschundenes Mädchen am Straßenrand, blutend und nackt. Er nimmt es mit in seinen Palast, pflegt, verwöhnt – und ehelicht es, um es vor weiterem Ungemach zu schützen. Doch die junge Königin ist gedankenlos und liederlich, sie prostituiert sich und nicht einmal, sondern hundertmal, heißt es. Der Prophet Ezechiel zielt hier auf die Gottvergessenheit der „Hure Israel", Gottes undankbares Volk, das sich allen fremden Göttern weit und breit verkaufte und seinen Bund mit ihm verriet. Wie reagiert der König der Parabel? Verflucht er sie, schickt er sie zum Teufel? Nein, denn er ist die göttliche Barmherzigkeit unter einer Königsmaske. Er vergibt ihr alles (Ez. 16, 62-63). Erst jetzt versteht die Frau vollkommen, was seine Nähe bedeutet. Und sie spürt, dass seine Vergebung ihr die reine Unschuld wiedergab.

Ein bewegender Text, der uns zeigen soll, wie tiefgreifend und endgültig Gott dem einzelnen Menschen vergibt. Dieser Gott ist im Alten Testament sehr wohl zu finden anhand solcher Lichtszenen seines Vergebungstuns. Er nimmt sein Volk an seine Seite, schließt einen versiegelten Bund mit ihm, aber das Volk bricht und ignoriert ihn, es verleugnet Gott, vergisst Gott. Und er? Er vergibt. Und er beginnt aufs Neue. Und wieder wird er von den Menschen betrogen. Was für eine einseitige Liebesbeziehung! Die Propheten haben diese in ihren großen Reden deutlich beim Namen genannt. Wer Ohren hat, der höre..., damals wie heute. Gott lässt die Menschen nicht fallen, seine Hoffnung ist unendlich, unser Erkenntnisprozess wurde in Gang gesetzt. Die Geschichte Israels – das ist unsere Menschheitsgeschichte und dazu die persönliche Geschichte jedes Einzelnen von uns. Es ist die ewige Frage von Schuld und Vergebung. Vergebung ohne Gegenleistung. Gott gewährt sie in seiner göttlichen, in seiner unbestechlichen Freiheit.

Doch fromme Wünsche und Köhlerglaube bringen nicht mehr als ein wenig Beruhigung. Licht und Schatten, Hoffen und Bangen gehen mit. Neben der Vorstellung eines milden und weisen Gottes lebte noch lange das monströse Portrait eines gnadenlosen Verfolgers, der jeden unserer Gedanken kennt und jeden Fehltritt unauslöschlich registriert. Besonders Westeuropa schleppt noch immer den sittenstrengen Jansenismus, ein französisches Produkt des 17. und 18. Jahrhunderts mit, eine katholische Bewegung züchtender Ängste vor Himmel und Hölle. Was für ein Gottesbild wurde da den Gläubigen eingebrannt auf Gedeih und Verderb! Ich erlebe besonders in Frankreich, dass es noch immer das Bewusstsein vieler Gläubiger in Bewegung hält, unterstützt von Literatur und bildenden Künsten.

Beispiel: Ein poetischer, aber furchterregender Text von Victor Hugo (gest. 1885), den ich immer wieder in meine Vorträge flechte, denn er befasst sich mit dem genannten Gottesauge. Über Berge und Täler und weite Steppen versucht der Brudermörder Kain diesem Gottesblick zu entfliehen, aber das Auge geht immer mit ihm. Schließlich wünscht er sich, begraben zu sein, unerreichbar in dunkler Erde. Er tut es, legt Hand an, schaufelt sein Grab und sucht darin die erlösende Finsternis. Das Gedicht endet mit den schrecklichen Zeilen: **„L'œil était dans la tombe et regardait Caïn"** (Das Auge war mit im Grab und sah Kain an).

Aber auf Gott ist Verlass. Wie in biblischen Zeiten scheint er in unsere Geschichte einzugreifen und sendet helles Licht. Er inspiriert. Im Zentrum dieser abwegigen Spiritualität traten zeichengebend Heilige auf und teilten ihre innersten Erfahrungen mit. Zwei französische Beispiele sind die Kleine Thérèse von Lisieux (Heiligsprechung 1925) und Marguerite-Marie Alacoque (Heiligsprechung 1920). Letzterer gab man bald den Namen „Botin des Herzens". Die mystischen Privatoffenbarungen, die sie visuell und akustisch von Jesus empfing, betrafen das tiefe und uneingeschränkte Vertrauen, das man in sein Herz haben darf und haben soll. Vertrauen in die Liebe Christi! Bitte verwerfen wir heute nicht diese äußere Umkleidung, es geht hier nicht um Stil- und Geschmacksfragen, sondern um Wesentliches, das erlebt und weitergegeben wurde. Die Innsbrucker Universitätskirche der Jesuiten zeigt den Vorgang in einem Gemälde, desgleichen der Wiener Stephansdom. Dort stand ich einmal lange Zeit und ließ es in mich eingehen. Gewiss nicht, um einen Kunstgenuss zu haben, sondern aus wichtigerem Grund.

Die rasch einsetzende „Herz-Jesu-Verehrung" schlug schnelle Kreise in aller Welt und die „Herz-Jesu-Litanei" wird noch immer von tief gläubigen Menschen gebetet. Seien wir behutsam und enthalten wir uns abschätziger Bemerkungen, denn das Phänomen betrifft wirklich das Herzstück der christlichen Botschaft: **Du bist gerettet, dir wurde vergeben, du wirst immer geliebt werden von diesem Herzen.** Wem, bitte, bleibt da noch ein Wunsch offen?

Unsere einzig segenstiftende Haltung ist das Vertrauen, um das der Himmel uns bittet. Auch die beliebte Kleine Thérèse hat diese Mystik des absoluten Vertrauens in unserer Kirche ausgesät, weltweit über alle Kontinente. Vielleicht hat ihre übersinnliche Heilsgewissheit unserer Epoche einen neuen Vertrauensstil geschaffen, es ist die Haltung der kindlichen Hingabe an einen Vatergott. So einfach ist das, an einen Vater, der allezeit zu vergeben bereit ist. Papst Johannes Paul II. hat dieses blutjung verstorbene Mädchen im Jahr 1997 zur Kirchenlehrerin erhoben. Aus diesem guten Grund.

Wir brauchen eine Theologie der Hoffnung und keinen zorngeladenen Jahwe. Glücklicherweise sind wir inzwischen aus dem eingeschärften Höllenszenario ausgestiegen, vermutlich aber zu weit gegangen, ich weiß es nicht. Sind wir „fort" gegangen? Die Traditionalisten sehen rot und meinen genau das todernst. Dennoch ziehe ich die neue, mündige Sicht seit dem letzten Konzil tausendmal vor. Sie ist nicht blasphemisch. Blasphemisch war das beleidigende Bild eines göttlichen Monsters, das uns verfolgt. Das zu sich erwachte Gotteskind weiß, dass Gott unsere Mankos weit weniger interessieren, als die hellen Aspekte unseres Wesens, all das Positive und Schöne, das wir tun, fühlen und denken. Und vor allem unsere geistige und geistliche Entwicklung. Die Summe all dessen interessiert den Schöpfer, denn er ist laut Jesus ein **Abba** (ein **Vater** in der aramäischen Zärtlichkeitsform). Es geschieht mir, dass jemand kommt und mir einen unglücklichen Vorgang neu aufrollen will, der für mich längst gestorben ist. Ich denke ja nicht daran, mich zu erinnern! Ich vergesse negative Vorfälle. Hiervon leite ich auch die Vergesslichkeit Gottes ab, denn es geht wahrhaftig um Größeres.

Unsere Eingott-Weltreligionen haben das geschlossen zum Thema. Auch im Koran liest man über Allah, den Höchsten, als den Barmherzigen. Gott wird dort auch, neben vielen anderen Namen, **„ar-rahmân ar-rahîm"** genannt. Beide Wörter, die diesen Begriff bilden, gehen im Arabischen auf **„rahîm"** zurück, den Uterus. Welch ein kühnes Bild und wie treffend, um Gottes feminines Mitgefühl zu bezeichnen, seinen weiblichen Aspekt im Behüten, Sorgen und Schenken! In der Verlängerung unseres biblischen Gottes finden wir so auch im Islam den Barmherzigen. Denn **„Gott ist größer als groß"** –

das ist die korrekte Übersetzung des weltweiten Rufes der Muezzine von ihren Minaretten „**Allah akhbar**". Ich denke, wer von solcher Größe ist, die „**größer als groß**" ist, sollte vernünftigerweise auch vergeben können. Beginnend mit der Gewährung der Religionsfreiheit für alle Staatsbürger. Leider wird diese in etwa 50 islamischen Ländern nicht gewährt. Der Großmufti von Saudi-Arabien ermuntert derzeit, über die Landesgrenzen hinaus, Kirchen niederzubrennen.

Ich nehme mir die Freiheit, über meine Kirche laut nachzudenken, oder einen schmerzenden, aber stillen Blick in ihre alte Geschichte zu werfen, in der es zeitweise verrucht zugegangen ist. Deshalb erlaube ich mir nachzufragen, ob es nicht auch für den Islam an der Zeit wäre, eine Gewissensprüfung mit nachfolgender Reue anzustreben. Warum soll er ausgenommen werden? Fehlentwicklungen gibt es überall. Gegenwärtig erleben wir aber gerade das Gegenteil einer Umkehr, die Blutspirale der Gewalt schnellt empor. Und jeder Muslim soll, so wird es erwartet, auf seine Weise missionarisch tätig sein. Das ideale Ziel ist bekannt: die Errichtung des Kalifats, des islamischen Gottesstaates in allen Ländern der Erde. Mit friedlichen Mitteln. Doch friedlicher Islam und politischer Islamismus sind zweierlei.

Nach offizieller Lehre hat man die Welt zweigeteilt, in eine islamische Erde und in ein Kriegsgebiet, „**dar al-islâm wa dar al-harb**", das besagt, jedes Territorium, das noch nicht dem Islam angehört, befindet sich im Grunde mit ihm im Kriegszustand. Aber die Mehrheit der westlichen Gesellschaften weigert sich, diese Tatsache ernst zu nehmen, die Zeichen zu lesen und zu reagieren. Müssen denn erst überall die Totenglocken läuten und die verfolgten Christen zu Hunderttausenden dem Westen die Augen öffnen?

Die Islamisierung des Westens gewinnt an Fahrt. Vielseitig und vielschichtig. Wurde nicht die Lüge für glaubenseifrige Muslime autorisiert – ausgehend vom Prinzip **taqeyya** (List, Verstellungskunst, Verschleierung) wann und wo immer es dem kommenden Sieg des Islam dienlich ist? Mein Verständnis reicht aber nicht aus, wenn seinerseits der Westen auch die verhängnisvolle **political correctness** für einen ganzen Katalog von Begriffen erfunden und zum absoluten Gesetz erhoben hat. In tiefer Besorgnis schaue ich zu, wie die westlichen Menschen beim Thema „Islam" nach und nach alle Objektivität verlieren.

Es wird für sie jetzt brandeilig, aus dieser verheerenden Abstinenz zu erwachen. Wenn wir allgemein in eine geistige Epoche der Umkehr und Reue eintreten – um des Fortschritts der Menschheit willen –, dann ist es undenkbar, dem Gesetz der Sharia etwas abzugewinnen. Der unvorstellbar grausame Tod durch Steinigung, Gliederamputationen, Enthauptungen (Glaubensabtrünnige werden geköpft!), Zwangsehen, Zwangsscheidungen, das Verschwinden von Menschen, Foltergefängnisse und anderes mehr, wir lesen täglich darüber und vergessen es wieder. Oder? Zumindest führt die Menschenrechtsorganisation **Human Rights Watch** fleißig Statistiken, aber mit welchem Zweck und Ziel? „**Zieht den neuen Menschen an, der nach dem Bilde Gottes geschaffen ist, in wahrer Gerechtigkeit und Heiligkeit**" wünschte sich Paulus von den Ephesern und schließlich von uns allen.

Reue und Buße im Angesicht Allahs und Barmherzigkeit vonseiten Allahs sind sehr wohl im islamischen Glauben vorgesehen, doch hinkt hier die zwischenmenschliche Beziehung, die dem christlichen Auftrag so wichtig ist, schwer hinterher, ganz zu schweigen von den Beziehungen zum Ungläubigen, und das ist jeder Nicht-Muslim auf diesem Planeten. In meinem Alexandria wurden in der **Kirche der Heiligen** nach dem Schlusssegen des Neujahrsgottesdienstes 2011 durch einen Sprengsatz 21 koptische Christen gezielt getötet und viele mehr verletzt. Erst nach dieser Tragödie, endlich, schlossen sich in Frankreich 60 muslimische Persönlichkeiten zum offenen Protest zusammen und wagten die Anklage. Solche Reaktionen sind meine Hoffnung für die nahe Zukunft, die einzige, die bleibt. Auf vernünftig, klug und mutig handelnde Muslime möchte ich unbedingt zählen können – jetzt im neuen Zeitalter der Christenverfolgung.

Wir **sollen** vollkommen werden, fordert Christus, das bedeutet Gott ähnlich. Und wenn wir es aus eigener Kraft nicht schaffen, dann im Bund mit dem Schöpfer. Seit Beginn: **„Ich schließe meinen Bund mit euch und euren Nachkommen..., ja, meinen Bund errichte ich mit euch"** (Gen. 9) und bis zur Stunde: **„Das ist der Kelch des neuen und ewigen Bundes"** (Eucharistiefeier). Gott geht uns nach, jedem von uns. Seit den Anfängen. In endloser Geduld. Er weiß ja, dass wir – bildlich gesprochen – aus Lehm geschaffen sind, was könnten wir ihm je entgegenhalten und worauf bestehen? Aber seit Beginn bleibt er unser Freund, ja, der Liebende des Menschen, den er hütet und für die Ewigkeit bereitet.

Als Adam versagte, so der Mythos, machte Gott sich auf die Suche: **„Adam, warum versteckst du dich?"** Seine Scham besorgte ihn, Scham macht klein und hässlich, und er hat den Menschen groß erdacht, ebenbürtig, seinem Bilde gleich. Lesen wir den Schöpfungsmythos nicht fundamentalistisch, aber verweigern wir uns ihm auch nicht. Entschlüsseln wir die geistige Botschaft: Gottes „Lebensodem" (sein Geist) ist uns gegeben worden! Begegnen wir diesen ersten geliebten Gotteskindern, denen er ein Paradies geschenkt hat, ein ganzes Friedensreich, und dazu die persönliche Freiheit ihrer Entscheidungen.

KAPITEL VIER
SCHULD UND VERGEBUNG IM FAMILIENVERBAND

Für eine chinesische Großfamilie gilt fraglos das krisenfeste Solidaritätsbewusstsein. Das erleichtert das Verzeihen. Der allgemeine Erdenbürger weiß hingegen, dass er seiner Gesellschaft etwas schuldet, um akzeptiert zu werden; sein Fleiß wird gebraucht, sein Wissenserwerb, sein spezielles Talent, sein Charme. Für das Innere einer Familie ein unnötiger Gedanke! Eine Familie spekuliert nicht, rechnet nicht, man ist ein Mit-Glied der anderen, bekommt Schutz und Zuneigung. Chinesen bewahren ihren ausgeprägten Familiensinn seit Jahrtausenden: Ordnung durch Harmonie, Ordnung durch Solidarität und Verantwortung, Gehorsamspflicht als Tugend. Aus der Reihe tanzen, sich etwas zuschulden kommen lassen, bedeutet Unordnung für das Gefüge, also bereinigt man es in Windeseile. Der Familienverband vergibt und vergisst zugunsten des Gleichgewichtes und der stabilen Dauer. Insofern gibt der dahinterliegende Konfuzianismus dem Familienleben einen fast heiligen Charakter. Oder die taoistische Harmonielehre, die sich gegen das Chaos wehrt.

Eine tragende und förderliche Rolle spielt zudem der Ahnenkult, zelebriert in einem Höchstmaß an Respekt. An dieser Schwelle erreichen menschliche Schuld und der Anspruch auf Vergebung sogar zeitüberschreitende Dimensionen. Weitsichtig ahnt der Chinese die feine Balance im Universum, an die sein eigenes Gleichgewicht gebunden ist und gebunden bleiben wird. Deshalb erzeugt jeglicher Störfaktor für Natur und Geist Missbehagen und man ist rasch bemüht, ein familiäres Fehlverhalten ungeschehen zu machen, zu vergeben und zu vergessen. Oder man schafft ein positives Gegengewicht.

Christus lehrte in der Substanz das gleiche und lebte es konsequent bis zum Ende, zu seinem Ende! Das hohe Ideal der Solidarität, der unmissverständliche Impuls zum Altruismus, die Tatsache, dass wir als Weltbevölkerung einen einzigen Leib bilden und entsprechend verantwortlich sind füreinander, das wird vom Christentum seit den Anfängen verkündet. Paulus ließ sich glasklar darüber aus im ersten Brief an die Korinther: **„Wenn ein Glied leidet, leidet der ganze Körper"**. Und wer leidet, wenn eine Schuld nicht vergeben werden will? Der Schuldige oder der Verletzte? Mit Sicherheit beide – und nicht nur sie, auch ihr Umfeld spürt – wie in einer chinesischen Großfamilie –, dass Harmonie und Gleichgewicht in Gefahr sind. Für sensible Menschen ist die Logik, die in all diesem Geschehen waltet, geradezu ablesbar. Es geht dann nicht um eine smarte Ideologie oder gar um edle Mystik, sondern um eine ins Auge springende Logik. Die uns immer schärfer herausfordernde moderne Welt verweist den einen auf den andern, in leichten wie in schweren Tagen ist Solidarität gefragt, die elektronische Vernetzung ist erst einmal der Beginn und das Mittel zu einer größeren Sicht der Zusammenhänge.

Wenn ich heute die Erbsünde erklären sollte, dann würde ich sie ohne Zögern als **„soziale Sünde"** ausrufen, und da sie weltweit permanent aufgeladen wird, nenne ich sie hochinfektiös, also gefährlich für das Ganze. Ich weiß, mit dieser Einschätzung gerät man schnell in die Endlosschleife der Schuldzuweisungen. Die „soziale Sünde" kennzeichnet die Situation einer Weltgesellschaft, die sich mit krassen sozialen Ungleichheiten abfindet, anstatt mit vereinter Kraft gegen diese anzukämpfen. Eine kollektive Sünde also, an der alle beteiligt sind, ohne dass man die Hauptverantwortlichen einzeln lokalisieren könnte. Generation auf Generation läuft die „soziale Sünde" in der Menschheitsgeschichte mit, weshalb man sie von bestimmter theologischer Seite als „Erbschuld" oder „Erbsünde" bezeichnet hat.

„Zahlt Böses nicht mit Bösem heim", heißt es hingegen, „helft, liebt, vergebt einander". Auf diesem konträren Weg kämen wir in Anlehnung an Papst Johannes Paul II. aus der **Kultur des Todes über die Kultur der Solidarität zur Zivilisation der Liebe**. Ich erinnere an gegenwärtige Beispiele zur Kultur des Todes: **Kinder-Arbeit, Kinder-Sklavenhandel, Kinder-Prostitution, Kinder-Organhandel, Kinder-Soldaten**.

Und die aufgedeckte Welttragödie des **Kindes-Missbrauchs** darf nicht unerwähnt bleiben, doch nur unter dem Gestirn tiefster Reue: Im Februar 2012 gab es in der päpstlichen Universität Gregoriana in Rom einen Kongress, bei dem Geistliche über „Strukturen der Sünde in der Kirche" debattierten. Dieser Erfahrungsaustausch lief unter dem Thema „Auf dem Weg zur Heilung und Erneuerung der Kirche". Erschütternd, sagt man, sei der abschließende Buß-Gottesdienst in Sant'Ignazio gewesen: 220 Vertreter von 110 Bischofskonferenzen und viele Ordensleute haben nach einer völligen Dunkelheit von 15 Minuten Bittklagen um Vergebung und Psalmen gesungen, und Gott und die Opfer um Vergebung gebeten... teils unter Tränen.

Das Leben soll weitergehen – und ständig besser! Richten wir unseren Blick nach vorn, mit Augen, die unterscheiden. Ich bin absolut gegen menschliche Sammeltöpfe der Verallgemeinerung, so auch gegen den Begriff der Kollektivschuld eines Volkes. Man sagte mir, dass der Soziologe und Philosoph der Frankfurter Schule, Theodor Adorno, nach allem Horror und Leid des Zweiten Weltkrieges seine Mitbürger zu einer signalisierenden Demut und Bescheidenheit verpflichten wollte (Kollektivbuße?). Andere Beispiele zum Thema Kollektivschuld in unserer Zeit könnte ich geben. Ich befürchte nur, diese Haltung strudelt in einen Pazifismus um jeden Preis, **"politisch korrekt"**, dessen Freund ich nicht sein kann. Denn allzu oft verfällt Pazifismus in achtlose Naivität – mit bitteren Folgen. Die Anzeichen dafür entgehen mir nicht. Die Gefahr der Vereinnahmung einer Gesellschaft besteht real dann, wenn sie sich betont pazifistisch gebärdet und lautstark rundum alles willkommen heißt, das ins Konzept passt. Beispielsweise sollte Europa nicht mit Programmen jonglieren, die dem Leben seiner modernen, aufgeklärten Menschen entgegenlaufen. Wann werden wir einmal alle zu unterscheiden wissen zwischen dem Frieden selbst und der philosophischen Befassung mit ihm, zwischen Frieden und Idealismus, zwischen Frieden und Pazifismus? Wann?... **"Denkt nicht, ich sei gekommen, um Frieden auf die Erde zu bringen. Ich bin nicht gekommen, um Frieden zu bringen, sondern das Schwert."** (Mt, 10, 34). Das geistige Schwert der Unterscheidung.

Überspringen wir mit unserem Gott die Mauern im Sinne einer zukunftsfrohen Psalmenmelodie, die Mauer der gegenseitigen Verschuldung, und wagen wir uns auf die andere Seite. Dort finden wir den grünen Weg ins neue Land, das Christus fortwährend ansagt und verspricht, doch nicht ohne unsere Zustimmung, nicht ohne die Freiheit unseres Engagements. Viele schöne Worte umkränzen die Begriffe von Geschwisterlichkeit und Recht und verflüchtigen sich wieder. Und auch unsere kleinen Gesten bringen uns nicht weit. Vor allem wird das intensive geistige Verlangen gebraucht, um in eine solidarische Welt der Vergebung und Versöhnung hineinzuwachsen. Dann können Wunder geschehen und sie geschehen bereits. Es geht um unsere gottgegebene innere Freiheit. **"Ich bin größer als mein Leben"**, das waren die letzten

Worte eines zum Tode Verurteilten, seine Erleuchtung, weil und obwohl ihm nicht vergeben werden konnte. Dennoch spürte dieser Gescheiterte einen Freiraum von Vergebung und Rettung, er spürte diese Höhe über den Niederungen seines Verhängnisses.

Und wenn dieser Freiraum, diese Höhe in einem Versöhnungsangebot nicht erkannt und deshalb ausgeschlagen wird?... Dramatische Szenen im Familien- oder Verwandtenkreis! Dazu gibt es in Frankreich ein erschütterndes Buch unter dem Originaltitel **„Plus fort que la haine"** (Stärker als Hass) von Tim Guénard. Ein authentischer Lebensbericht. Frühe Kindheit, das waren für Tim nur Schläge seines ständig betrunkenen Vaters, das waren Folterungen in einem Kellerraum, gebunden mit Stricken, das war der wütende Selbsthass seiner cholerischen Mutter, der an dem wehrlosen Kleinen ausgelassen wurde. Eines Tages war der Mann seines Sohnes überdrüssig, ging mit ihm fort und kettete ihn an einen Laternenpfahl. Im Winter. Jemand band ihn los, doch bald war das Interesse an einem fremden Kind schon wieder erloschen. Tim lebte wie ein streunender Hund, er blieb das Strandgut der Gesellschaft, das völlig **„überflüssige Etwas"**, wie Sartre sagen würde, ein Straßenkind zwischen wechselnden Anstalten. Doch seine Persönlichkeit konnte dieses Wahnsinnsschicksal nicht brechen. Im Gegenteil, sie wuchs und bildete sich heran in erstaunlicher Weise. Er fand Arbeit und eine Frau, die ihn liebte, er gründete eine Familie. Und eines Tages beschloss er, nach seinem Vater zu suchen. Zur Rache? Keineswegs! Um ihm zu verzeihen! Er fand ihn, aber der Vater wich ihm aus, blieb unbewegt, interesselos, abweisend. Das Versöhnungsangebot scheiterte.

Dieses Buch ist für mich ein Klartext über die christliche Liebe, wenn es sich so auch nicht nennt oder gar ein Hinweis darin zu finden wäre. Es handelt von einer Qualität des Verzeihens, die unverständlich, da übermenschlich erscheint, weil sie gottähnlich ist. Ein Wunder der Gnade manifestiert sich hier im Herzen eines wundgeschlagenen, aber gottähnlich handelnden, einfachen Menschen. Und so denke ich mir auch Gottes Gnadenwirken. Ich sehe seine immerzu ausgestreckte Hand zur Versöhnung, wir sollen sie nur ergreifen. Aber wir ignorieren sie und fahren fort in unserer Jämmerlichkeit. Wenn du das Herz Gottes lesen könntest! Wenn du nur seiner Liebe glauben würdest!

Im Normalfall prägt sich aber das Familienleben unserer Kindheit so tief und so positiv in unsere Seele ein, dass wir uns im späteren Leben nostalgisch in solche Erinnerungen versenken und je älter wir werden, umso intensiver. Es gab einmal für uns diese kleine heile Welt, in der man lachte und sich neckte oder miteinander lernte. Man teilte kleine Freuden und große Geheimnisse. Es war unser heiliger Ort, wo jeder als unaustauschbar kostbar galt, weil der eine für den anderen ein Absolutes war. Deshalb ist die Liebe der Paare heilig, weil man sich einander als absolut erkennt, und das ist die Bedingungslosigkeit der Liebe, die desgleichen Gott uns spendet. Unsere Liebe spiegelt sich in seiner Liebe wider, sie ist, wenn sie echt ist, immer eine fraglose Liebe, wenn wir lieben sind wir Gott ähnlich. Der Mystiker schaut im menschlich Relativen das göttlich Absolute.

Wie oft sprach Jesus vom **Reich Gottes**, indem er Gleichnisse von einem Fest entwarf, wo man miteinander aß und trank, sang und glücklich war. Heute würde er vielleicht den Jubel der Weltjugendtage nehmen als ein irdisches Beispiel für unser himmlisches Fest der Freuden ohne Ende im Reiche Gottes, wo die gesamte Menschheit eines Geistes miteinander kommuniziert.

Im Familien- und Verwandtenkreis können seelische Verletzungen aber auch besonders tief gehen, und sie heilen nur bedingt, das weiß jeder. Wilde Beschimpfungen oder vernichtende Kritik eines Fremden können weggesteckt werden, sie hinterlassen kaum Spuren, geschweige denn offene Wunden. Höre ich aber unverändert dieselben Worte von Verwandten oder einer mir nahestehenden Person, so treffen sie mit mehrfacher Wucht. Der Schmerz der Verletzung richtet sich nicht nach ihrem Volumen, sondern nach der persönlichen Beziehung, in deren Rahmen sie erlebt wird. Für einen inneren Schwertschlag braucht es oft nur eine minimale Geste, drei Worte, einen Blick. Deshalb müssen wir alle daran arbeiten, bedachter zu werden. Indessen zerbrechen Familien, weil man einander nicht anhören will oder weil alte Narben reißen, Wunden wieder glühen. Und fern liegt der Wille zur Versöhnung.

Kein Familienverband ist eine Insel. Was drinnen geschieht, spiegelt sich draußen, auch das weiß die chinesische Großfamilie sehr genau, das größere Ganze bildet einen Leib mit einem schlagenden Herzen. Hier erblickt man wieder die Gefahr der infektiösen sozialen Sünde! Und meine Betrachtungen machen, wie üblich, nicht an der irdischen Schwelle halt, es geht nicht nur um unsere eigenen Befindlichkeiten und die unseres Nächsten, fern oder nah. Es geht mit jedem einzelnen verwundeten Menschenherzen auch um das Herz Gottes, **„der Mensch ist das menschliche Antlitz Gottes"** sagte Gregor der Große (gest. 604). Der transzendente, vollkommene Gott leidet gleichzeitig in seinen Geschöpfen und mit jedem einzelnen. Das sind keine leeren Worte, sie bergen so viel, dass es schmerzt.

Versuchen wir nun, unserem Verhalten auf den Grund zu gehen. WARUM fällt uns das Ausstrecken unserer Hand so elend schwer? Schon der erste Ansatz, das innere Durchspielen dieser Möglichkeit, lässt uns erschauern, denn diese Blöße, die ich mir gäbe, würde meinen Grund und Boden gefährden. Danach wäre nichts mehr wie es war. Rührt ein Hingehen, Aussprechen und Vergeben nicht an meine sensibelste Zone, an die Zone meiner Würde, meiner Ehre, meines Stolzes? Fügt mir jemand Schaden zu an meinem Hab und Gut, dann bleibt mein Stolz wohl unberührt. Fährt jedoch ein böses Tun und Sagen durch mein Gemüt, dann sträubt sich all mein Wesen, weil es mein SEIN betrifft. Ich bin nicht mein Stolz, ich habe ihn nur. Ich besitze ihn wie ich ein Gut besitze, er ist nicht mein SEIN.

Leider gefällt uns die Tendenz, uns mit unserem HABEN zu identifizieren, und wir tun es fortwährend. Schade. Es ist das Bild, das wir uns von uns selber machen, das wir uns vielleicht erkämpften und das auch andere von uns haben sollen, wobei alles um das HABEN kreist. Aber niemand ist sein schöner Körper, seine Singstimme, seine Berufskarriere, sein Wohlstand, all das IST er nicht. Desgleichen trostreich im Negativen: Er IST nicht sein alternder Leib, seine Angst, sein Misserfolg. All das HAT er für eine Zeit, so wie er das Leben HAT und nicht IST. Nur Christus allein konnte sagen **„Ich BIN das Leben"**.

Wer das einmal erfasst hat, steht über seinem HABEN. Und wer diesen spirituellen Weg weitergehen will, erlebt, wie sicher er in die Freiheit mündet, nach der sich jeder von uns sehnt. Aus dieser gewonnenen Freiheit wird er auch vergeben können und er tut es gern. Bei jedem Vergebungsakt überschreitet der frei Gewordene diese empfindliche Zone, in welcher der Stolz zu hausen pflegt, und handelt aus dem blanken SEIN, das er ist und bleibt und ewig bleiben wird. Amen.

Nachbemerkung: Die HABEN-Etappe muss freilich zuvor erlebt und durchlebt werden. Du kannst nicht beim ersten spirituellen Wunschgedanken alles niederbrennen, um Zeit zu gewinnen. Unsinn! Dann aber erkennst du in deiner Selbstüberschreitung auch den Motor jeder geistigen Mutation, das A und O aller Forderungen des Evangeliums. Hier verbindet uns Christen etwas mit den äußerst strengen Übungen asiatischer Religionspraktiken, die sich alle um den Egotod bemühen. Im Westen werden diese unterschätzt, großzügig umgangen oder nicht einmal gekannt. Ich nenne, die spirituelle Praxis betreffend, ein verbindendes Glied zwischen Ost und West und ganz aus meiner persönlichen Erfahrung: Ich taufte es „**aimer le manque**" (den Mangel lieben) und habe es aus gutem Grund zu einer meiner Losungen erkoren. Denn ich weiß, dass der Geist durch Druck oder Einschränkung geweckt wird. Er braucht zunächst das Hindernis, um sich zu manifestieren und auszuwirken. Das sind die fruchtbaren kleinen Erfahrungen im Arbeitsalltag bis hinauf zu den großen künstlerischen Entwürfen freischaffender Menschen. Mangel an Material, Mangel an Entgegenkommen, Mangel an Zeit. Zunächst brauchen sie die Hürde zum Sprung. Die Grenze stimuliert die schöpferische Intelligenz.

Vor allem frei von Selbstmitleid soll der Mensch werden, frei vor allem von seinem Selbstbild, das er alle sehen ließ, frei von seinem HABEN, das ihn täuschte. Dieses Übel hat er hinter sich gelassen. Der schwierige Prozess des Egotodes muss beginnen, um das reine und ewige Selbst im SEIN reifen zu lassen. Auch wenn es recht dramatisch klingt, ist es doch die schlichte Wahrheit: Das SEIN wächst aus diversen Opferakten oder Verlusten des HABENS heran. Auch unser ganzes Können und Wissen ist daher eine Falle, denn es hat nichts mit unserem SEIN zu tun. Aber wir beten es an...

Nun wieder zur Versöhnungspraxis in unserem unspektakulären Lebensalltag. Gibt es nicht zahlreiche Situationen, in denen auf menschlicher Ebene ein „Schwamm drüber" unmöglich, ja sogar falsch erscheint? Andererseits ist ein leichtes Pardon schnell dahingesagt und schon wieder vergessen. Welche Wirkkraft soll es dann haben? Vor allem wenn es sich routinemäßig im Ehe- oder Berufsalltag ständig wiederholt und sich gar nichts ändert? Ich halte nichts von diesem ständigen Verzeihen aus Schwäche und Feigheit, denn mehr ist das nicht und es löst kein Problem. Es ist flach, es nervt und es hat kein Ziel. Schnelles Vergeben, um schnell zu vergessen, ist sehr bequem, setzt aber einen Verdrängungsmechanismus in Gang, der das Vergessen keineswegs fördert. Die Rechnung folgt später. Hingegen ist christliche Vergebung anspruchsvoll! Sie fordert im einen wie im andern Fall nichts weniger als diesen realen Heroismus.

Viele unter uns fragen sich, welchen Wert in sich und welchen Nutzen für andere die stille Reue haben kann, das heißt, eine vor aller Welt verborgene Schuld. Möge ich doch diese Vergangenheit ausheben oder zumindest so verändern können, dass ich sie selbst nicht mehr erkenne, jetzt im vollen Licht meiner Erfahrungen und vermehrten Wissens!... Quälende Schuldgefühle und Gewissensbisse sind eine gänzlich unwirksame Beschäftigung. Das ist das hoffnungslos traurige Bild der Zerknirschung und Selbstverurteilung. Im Extremfall gleitet der Leidende dann tief ins schwarze Loch und kreist darin, wird krank oder suizidgefährdet. Unbewusst setzt er auch Signale, trommelt gegen die eigene Brust, schlägt sich gegen die Stirn – Gesten der Eigenbestrafung. Das alles zeitigt keine Früchte.

Und jetzt die gute Nachricht: Während der Phase der Reue befindet sich der beste Teil des Menschen auf der geistigen

Ebene, welche die tiefere Wirklichkeit bedeutet. Dort lebt er gewissenmaßen außerhalb der Zeit und des punktuellen Zeitablaufs seines Vergehens, das er jetzt innerlich betrachtet. Eigentlich befindet sich der Mensch immer außerhalb der Zeit, wenn er geistig aktiv ist, betet, liebt, meditiert oder künstlerisch arbeitet (nicht zu verwechseln, bitte, mit unserem intellektuellen Tun). Hier aber liegt der große Unterschied zwischen Schuldgefühl und Reue. Erlösung von der Zeit und Überwindung des erkannten Unrechts kann durch echte Reue Wirklichkeit werden! Wie erfüllt sich diese Sehnsucht? Ich versuche zu antworten:

Du lebst voll bewusst im Hier und Jetzt, aber dein geistiges Selbst steht weit über dir und taucht schon heute ein ins Ewige, wo grundsätzlich alle Zeit nach irdischer Erfahrung aufgehoben ist. Das Ewige kennt keine Zeit. Deshalb kannst du, wenn deine innere Stimme es verlangt, zurückgehen an den Ursprung deiner Tat oder Unterlassung, die du bereust, zurück zu deinen damaligen Absichten. Du nimmst diese Phase deiner Vergangenheit wieder auf und wandelst sie um durch das geschärfte Gewissen. Die Tat selbst ist eine längst zerronnene Realität, dein Selbst an ihrem Ursprung und die Absicht deines Tuns sind es nicht! Es geht hier um das geistige Wesen dieser Reue und die Umarbeitung eines Geschehens, welches sich sorgfältig mit der Absicht der Tat beschäftigt, sie nochmals aufgreift und dann vollständig verwirft.

Mit anderen Worten, der Sinn der Vergangenheit hängt immer von der Zukunft ab. Wie das? Weil der Mensch aus Gottes Hand stammend nicht der ewige Gefangene seiner Vergangenheit bleiben kann, das liefe konträr zum Schöpfungsgedanken, der zielorientiert ist. Deshalb sollten wir uns nicht mit der Frage herumschlagen, was uns unsere Vergangenheit gebracht hat, sondern was wir uns heute für die Zukunft aus ihr nutzbar machen können. Der deutsche Philosoph Max Scheler (gest. 1928) sagte: **„Den erkannten Fehler an der Wurzel packen und ihn aus der Person herausreißen, um sie frei dafür zu machen, JETZT das Gute zu tun."** Auch dieser gute Mann glaubte fest an die Umwandelbarkeit sittlicher Werte. Und das gilt ebenso für große Strecken unserer Weltgeschichte, die verworfen und neu gedacht werden müssen und möglichst intelligenter, wofür die Reue uns von der Hässlichkeit und Fatalität des Vergangenen befreien kann. Gesegnet sei die Gewissensprüfung vieler Verantwortlicher in einer Welt mangelnden Unrechtsbewusstseins und der ständigen Lüge.

Noch einmal: Der Mensch ist in seinem innersten SEIN unverletzbar, das heißt, er kann nicht wirklich Schaden nehmen. Ich denke an den ersten Satz des deutschen Grundgesetzes **„Die Würde des Menschen ist unantastbar"** – inzwischen ein geflügeltes Wort in aller Welt, selbstverständlich politisch, bürgerrechtlich, humanistisch gemeint. Welche spirituelle Aussage diese wenigen Worte darüber hinaus haben, dessen sind sich wohl nicht alle bewusst, die sie lesen.

KAPITEL FÜNF
LIEBE AUF LEBEN UND TOD

Das Schmerzlichste, das einem Paar widerfährt, ist die Untreue, sie scheint unverzeihlich. Und auch hier kann eine gottähnliche Vergebung Heilkräfte entfalten. Ich kenne nicht wenige Paare, die einen schwierigen Neubeginn gewagt und gemeistert haben, weil sie imstande waren, ihren Blick weit über das Unglück hinaus zu richten. Ein Weg von Feuern gesäumt, keine Frage. Dann aber die Wiedergeburt einer verloren geglaubten Beziehung, jetzt stärker und sicherer als zuvor. Unser Leben hält immer Auferstehungen bereit und es gibt dort Neubeginn, wo man sich um ihn bemüht, denn dann wird er im Zeichen der Gnade geschehen.

Eine Liebe als kosmischer Einbruch, eine Liebe auf Leben und Tod, darüber las ich im poetisch-dramatischen Buch der Autorin Christiane Singer **„Seul ce qui brûle"** (Nur das was brennt). Ihre Bücher bersten von menschlichen und spirituellen Kräften und ihr Stil ist fulminant. Tragisch verstarb sie 2006 innerhalb weniger Monate unter der Geißel des Krebses. Ich hatte sie gut gekannt. In diesem Buch schildert sie die irre Liebe von zwei jungen Menschen, **„elle est belle comme le jour"** – beschreibt sie das schöne Mädchen. Beide werden ein Paar und tanzen im Glück – bis das Unvorstellbare geschieht: Er findet sie in den Armen eines Fremden.

Und nun? Eine gottähnliche Vergebung? Keineswegs. Er nähert sich, zieht seinen Dolch, pflanzt ihn in den Leib des Rivalen, packt den Leichnam und wirft ihn draußen den Geiern hin. Dann wartet er. Er wartet, bis er den vollständig abgenagten Schädel zurücktragen kann zu ihr in das Gemach, in dem er sie eingeschlossen hält. Er reicht ihn ihr hin und sagt in speiendem Sarkasmus: **„Da hast du ihn wieder. Das wird von nun an dein Trinkgefäß sein."** Nach drei Jahren dieses Martyriums ist das Herz der Frau zu Stein geworden und schneidend wie ein Diamant, ein Herz, das nur noch hassen will im Himmel und auf Erden. Aber es wäre nicht die Autorin Christiane Singer, wenn sie jetzt nicht den Sendboten Gottes eintreten ließe, einen Engel in Menschengestalt, einen inspirierten Mitmenschen, der die beiden Verlorenen versöhnen und retten soll. Er nimmt sich viel Zeit, sehr viel Zeit, er ringt um jedes Wort und jede Geste, bis er das Paar eines Tages zur notwendigen gegenseitigen Vergebung und Versöhnung bringen kann, zum Gelingen eines Neubeginns dieser im Grunde wahren Liebe.

Aber das ist das Absolute der Liebe, in der Liebe geht es um Leben und Tod. Sie macht unsere ganze Existenz aus, ihren Ernst, ihr Gewicht. Und das Heilige der Liebe wird uns durch den Schmerz gelehrt. Aber das Verzeihenkönnen ist der Offenbarungstest jeder menschlichen Beziehung, die gefährdet erscheint. Es gibt die Therapie der Schuldvergebung, die weiter reicht als alle Psychologie und Soziologie es innerhalb ihres fachwissenschaftlichen Rahmens vermögen oder wünschen. Sehr tief reicht ein Verzeihen und das muss es. Ein Paar, das hier noch nicht hindurchging, lebt noch im tastenden Bereich. Und wenn es kriselt, sagen die Franzosen wortspielerisch: **„ou ça passe, ou ça casse"** (es geht vorbei oder eben kaputt). Eine Beziehung, die niemals Schuld und Vergebung erlebte, hat die Feuerprobe der Wahrheit noch nicht bestanden, sie hat sie noch vor sich, oder sie dümpelt im Seichten. Echtes Leben trägt immer auch ein sehr strenges Gesicht, dazu gehören Erschütterungen, die etwas von der Tiefe einer Verbindung offenlegen. Die Krise ist deshalb eine Bewährungsprobe, weil sie die Anfrage an das Gewissen stellt, ob man sie überhaupt überwinden will. Wagen wir uns, so weit zu gehen zu sagen, dass Beziehungen wie Ehen und Freundschaften einmal eine Wunde brauchen, an deren Schließung und Vernarbung sich beide bewähren und den Bund neu besiegeln können.

Dass Verlust Gewinn bedeutet, wenn auch nicht augenfällig, und dass dem Bösen Gutes entwachsen kann, ist einer meiner Glaubensartikel. Die erwähnte Autorin Singer schreibt: **„Ce qui fait mourir, c'est ce qui fait murir"** (was sterben lässt, lässt reifen), sie meint ein „Sterbensleid", das jeder einmal kosten muss. Ja, ich werde durch das Mittel eines Unglücks oder einer Krankheit geheimnisvoll Neues gewinnen oder durch einen Diebstahl Wichtiges erkennen, und viele Beispiele könnten folgen, vor allem aber für unser Thema das angebliche Sich-Verlieren im Vergebungsakt. Nein, ich gewinne ja eines Tages sogar beim Verlust meines Lebens – eben auf jener anderen Ebene.

Liebeszweisamkeit, Ehestand, Familienalltag, Arbeitsgemeinschaft, intensive Freundschaft... – all das sind Gewächshäuser, in denen neues Leben erkämpft wird im ständigen Ringen mit der Selbstüberwindung. Ohne sie kein Wachstum. Nirgendwo. Das ist der Wert des Hindernisses, wie es das chinesische Sprichwort meint **„Der Mensch ist der Sohn des Hindernisses"**, das ich vielerorts zitiere, weil ich es liebe. Der Mensch wird nicht als statisches Objekt in die Welt gesetzt, vielmehr wächst und verändert er sich im dynamischen Vollzug. Dabei kann sein freier Wille auch krumme Wege planen, er kann fallen oder ein Kreuzweg wird ihm abverlangt, weil diese Opferenergie – nur Gott weiß wo – gebraucht wird. Er „stirbt" und erlebt, dass er aufersteht. Immer wieder. Sei es aus Einsicht und Zuwachs an Weisheit, sei es durch die täglichen Herausforderungen, die ihn zunächst zwingen, aber eines

Tages zur geistigen Erkenntnis führen werden. Oder sei es durch das erschütternde Erlebnis eines liebenden Verzeihens durch Gott im stellvertretenden Priester oder einen „eintretenden Engel" aus dem Kreis seiner Mitmenschen. Um die geistige Erkenntnis geht dabei alles.

Gute Entwicklungen brauchen Stufen. Mit einem Blitzschlag der Erkenntnis wäre sicher weniger gewonnen. Stufenweise kann auch die Liebe nur erlernt werden. Ein Ehepakt auf dem Boden des flirrenden Eros, für den das Wort Agape ein Fremdwort bleibt, trägt keine Garantie in sich. Eros und Agape bilden ein Paar, man soll es nicht trennen. Die Agape bindet den Eros an das göttlich Dauerhafte. Wer **Gott ist Liebe** sagt, meint **Gott ist Agape**, die auch wir in uns tragen und zur Blüte bringen sollen. Eine Form dieses Auswirkens ist der Vergebungswille und die Vergebungsfähigkeit gegenüber fremder Schuld.

Vor die Liebe setze ich noch den Respekt, aus dem überraschend eine Liebe erwachen kann. Dann aber bitte, den Respekt nicht nur im Stillen registrieren, sondern unbedingt auch demonstrieren, ihn häufig zeigen! So wie man auch Solidarität bei Sonnenlicht ausüben soll. Gute Taten sind gesetzte Zeichen, die gelesen werden sollen. Solidarität als Auftrag für alle, formuliert vom Meister aller Meister: **„Einer trage des anderen Last!"**, vermittelt von Paulus an die Galater. Leicht gesagt, aber nicht immer leicht getan, wir wissen es. Besonders die Ehe, die Liebe und jede Partnerschaft brauchen Unmengen an Güte, sie brauchen das wachsame Herz und ein Maß an Einfühlung bis kaum noch Worte nötig sind. Das Geheimnis eines Paares, das sich wortlos verständigt, heißt Aufmerksamkeit. Beiderseitig. Es gibt die telepathische Einswerdung von zwei Personen.

Es ist einfach nicht wahr, dass das Ehesakrament nur ein einziges Mal beim feierlichen Hochzeitsritus vom Priester gespendet wird. In Wahrheit ist es ein hochdynamisches Sakrament und in jedem Ehealltag bleibend aktiv. Jede Geste, jeder Akt, jedes intensive Gespräch, jede gemeinsame Freude oder Sorge bedeutet **„Sakrament der Ehe"**, so ist es gemeint und so wirkt es. Leider erlebe ich seit Jahrzehnten, dass Eheleuten dieser Gedanke, wie dynamisch dieses Sakrament ist, niemals in den Sinn kommt. Deshalb spreche ich hoffend von der Ehebeziehung als Liturgie, die wahrhaft zelebriert werden sollte – in je einem ureigenen Ritus. Damit will ich auch die erotische Liebe re-sakralisieren, denn die Liebe ist heilig, ist absolut und überschreitet Grenzen. Der Liebende will sich auf das kostbare Zentrum des anderen einlassen, welches verdient, absolut geliebt zu werden. Werden ihn hingegen nur Äußerlichkeiten faszinieren, die er genießt, dann wird er sicher keine absolute Liebe investieren und wenn die Schlechtwetterzone heraufzieht, wird er nicht vergebungswillig sein. Echte Liebe aber ist aus ihrer Natur her versöhnlich.

Einst erlebte ich den Gefühlsausbruch einer Frau, die sich über eine „Schwachstelle in der Schöpfung" beklagte, „einen eklatanten Mangel, ein großes Unglück". Deshalb proklamiert sie, dass alle Männer, Ehemänner wie Geistliche, einer psychologischen Dauerschulung bedürfen. Man sagt ihr, Männer seien anders gepolt, also ticken sie anders – und damit ist schon alles vom Tisch. Nicht für sie, sagt sie, damit erklärt man nur das Malheur, behebt es aber nicht. „Wer klärt unsere Männer auf und zwar über uns Frauen, damit wir aufhören, ein Lebtag Außerirdische für sie zu sein?" Und die Priester!… Die Ausbildung, so meint sie, muss die moderne Psychologie voll ins Programm nehmen, um später beiden Geschlechtern seelisch gerecht werden zu können. Fiele dem Herrn Pfarrer nichts anderes ein als ein schönes Bibelzitat, passend zur Situation, dann riskierte er einen zusätzlichen Trümmerhaufen der Gefühle…

Zum Kosmos unserer Beziehungswelt zählt mit Freud und Leid auch alle Jugendarbeit und Erziehung. Ist ein Verzeihen angesagt, dann sollte sich dieser Akt in einem Bereich von milder Nachsicht und strenger Forderung bewegen. Wir wissen um die verdrehte Liebespädagogik von Eltern, die in unverantwortlichem Leichtsinn alles hinnehmen. Warum hindern sie die kindliche Erkenntniskraft daran, beizeiten zwischen Gut und Böse zu unterscheiden? Gedankenloser oder zu milder Umgang schickt das Kind aufs falsche Gleis. Wer andererseits einmal Zeuge wird, wie sich vor seinen Augen ein vergebungswilliger Jugendlicher anschickt, über seinen eigenen Schatten zu springen, wird ihn im Stillen für seine Selbstüberwindung segnen. Dieser Schattensprung ist ein geistiger, der Freude macht, und er soll früh erkannt und geübt werden. Nachsicht und Milde in der Erziehung, gewiss, doch zugleich die geistige Forderung, Neues und Besseres erkennen zu wollen. Das Wort **„erziehen"** meint einfach **„aufziehen"**, aber es gibt auch das Wort **„großziehen"**… das will mehr.

Es stehen uns viele gute Wege offen. Ein praktisches Beispiel aus meiner einstigen Arbeitswelt an der Kairoer Jesuitenschule. Bei 12- bis 14-jährigen Burschen sind saftige Prügeleien und miese Petzereien an der Tagesordnung. Man bat mich regelmäßig, den Übeltäter zu bestrafen, und ich habe es regelmäßig nicht getan. „Bitte, züchte dir hier keine Komplexe fürs Leben, geh und wehre dich selbst auf die bestmögliche Weise. Denn ob ich den andern bestrafe oder ob du zurückschlägst, ist einerlei. Das ist nicht das Entscheidende! Geh' du hin, schließ Frieden, mach's locker, mach's witzig, aber lass ihn dein Pardon deutlich spüren. Dann bist du der Gewinner, der Stärkere, nicht er. Strafe hin, Strafe her, sie bringt nichts und hätte euern Zwist nur hochgeschaukelt." Vielleicht ein Lebensmotto: **"Ich verzeihe dem andern und befreie uns beide, bevor es zu spät ist."** Das war meine Taktik, so ähnlich folgte ich damals der inneren Stimme...

Da sind wir beim Wort **"correction fraternelle"**, man hört es in Frankreich ständig und ohne jeden Vorbehalt, gemeint ist die brüderliche Zurechtweisung. Sie kann Teilbestand einer Vergebung sein, ein Aspekt der schmerzenden Liebe oder Freundschaft. Ein Vergebender hat immer Verantwortung, er muss an einer Veränderung des andern interessiert sein und darf sich das einiges kosten lassen. Vergebung im Schnellverfahren ist hohl. Werde ich Zeuge eines fremden Fehlverhaltens, dann ist meine brüderliche Zurechtweisung gefragt, und sie wird mir so leicht fallen wie mir am andern gelegen ist. In einer Ehe, in der kein Porzellan zerschlagen wird, sucht man mitunter den Weg über das Stummwerden. Kein Wort mehr bis sich einer in verzeihender Geste rührt. Das ist der allbekannte sanfte Druck. Eine brüderliche Zurechtweisung. Nur zu, man hat immer das Evangelium hinter sich und kann selbst dem zornentbrannten Jesus bis zu den Geldwechslern und Taubenhändlern im Tempel nachschauen. Christliches Verhalten mit einem anderen Gesicht. Wir dürfen und sollen schonungslos ehrlich sein, wenn wir ehrlich besorgt sind.

Ein anderes Wesen lieben heißt, von Herzen wünschen, dass es noch besser und immer noch besser werde, dass es im Humus dieser Liebe gedeihe und ständig wachse. Aber auch hier geschehen Dinge, die zur "Korrektur" mahnen, wie es die Franzosen nennen. Eine Zurechtweisung mitten im Paradies der Liebe? Gerade um dieser Liebe willen dürfen vernünftige Klarheit und Strenge nicht ausgeblendet werden, sonst hat man kurz über lang den Partner, den man gar nicht will, alle Attraktion ist verloren. Wer zur rechten Zeit die Dinge beim Namen nennt, handelt in der Dialektik von Nachsicht und Forderung. Sie macht ja das eigentlich Interessante der Liebe aus und beginnt schon im Nest unter den Fittichen einer gescheiten Familie. Und diese vernünftige Mischung von Milde und Strenge bezieht die göttliche Dimension mit ein. Der sinnvoll Fordernde handelt Gott ähnlich, **„nach seinem Bilde"**, auch Gott korrigiert und fordert uns heraus.

Die katholische Kirche nimmt noch immer eine zweischneidige, um nicht zu sagen ambivalente Stellung zum Thema Sexualität ein. Einerseits proklamiert sie die Heiligkeit der ehelichen Liebe und erhebt sie zum Sakrament, sie verkündet die Ehe als Gnadenträger. Andererseits belädt sie die körperliche Begegnung zweier Menschen seit Jahrhunderten mit vielerlei Verdacht. Dieser Widerspruch ist evident und irritierend, deshalb hören die Menschen weg. Nun schätze ich aber die erste Enzyklika unseres Papstes Benedikt XVI. außerordentlich – **GOTT IST LIEBE**, gerichtet an seine Mannschaft vor Ort, an die Geistlichkeit in aller Welt, aber zugleich auch **„an alle Christgläubigen"**. Eine Weihnachtsenzyklika für alle, er unterzeichnete sie am 25. Dezember 2005. Hier nahm sich wohl zum ersten Mal in der Geschichte ein Papst dieses zentrale Thema vor und zwar in positivem Ansinnen. Und sehr existenziell: Jeder kann sich darin wiederfinden und erkennen. Möge dieses wichtige Schreiben tiefgehend verstanden werden, sein Anspruch ist kein geringer, noch ist es die Notwendigkeit für unsere Zeit. Das Maß an Ethik ist außerordentlich, es könnte die Welt gesunden lassen.

Uns interessiert ja vor allem das Individuelle, Persönliche, aus ihm entfaltet sich das Ganze, Aufstieg oder Fall. Für den Einzelnen besteht, wenn sich ihm nicht beizeiten das spirituelle Reich auftut, die weltanschauliche Besorgnis, er könnte ins Nichts steuern. Das ist das biblische Thema der Sünde im

Horizont der Vergebung durch die personale, uns liebende und damit auch verletzliche Gottheit, die uns ganz nahe kommt.

In Alexandria singen wir in einem französischen Lied: **„Qui donc est Dieu qu'on peut si fort blesser en blessant l'homme?"** (Wer ist dieser Gott, den man so sehr verletzen kann, indem man einen Menschen verletzt?). Ich schätze es sehr, es bringt mich zurück zum alttestamentlichen Buch Levitikus, 19. Kapitel, in dem man so früh schon das soziale Verhalten und die Nächstenliebe studierte. Ein großartiger Text, Gott in den Mund gelegt, über Ehrfurcht vor dem Alter, Verhalten gegen Fremde oder Behinderte, Mitleid vor allem mit den Ärmsten der Armen und vieles mehr. Und bei jedem neuen Beispiel flüstert der Himmel mit der Zunge des Propheten: **„Ich bin es, der Herr, euer Gott"** – wie ein Leitmotiv. Gott selbst ist dieser Nächste in Not.

Diese starke Gottesrede aus grauer Vorzeit mündet später in die direkte Sprache Jesu, die uns warnt und lehrt: Gebt acht, einen dieser Schwächsten unter euch zu übergehen, heißt Gott übergehen, ihn verwunden, heißt Gott verwunden, denn **„was ihr einem der Geringsten unter euch getan habt, das habt ihr mir getan"** (Böses und Gutes). Hier strahlt alle Wahrheit und Erkenntnis auf um den Sinn der Menschwerdung Gottes! Christus ist wahrhaft der Retter für Himmel und Erde, **„l'amour a fait le premier pas"** (die Liebe hat den ersten Schritt getan)... auch das ist eine Zeile aus dem Liedgut der französischen Kirche.

Wer aber versteht, wer praktiziert den Liebesauftrag Jesu **„Liebe deinen Nächsten wie dich selbst!"** oder **„Liebt einander wie ich euch geliebt habe!"**? Welcher Selbstverzicht, welche Opferbereitschaft soll da mobilisiert werden? Der andere muss mir wichtiger sein, als ich mir bin? Es gibt eine menschliche Gestalt unter uns, die es fortwährend tut und nicht darüber sinniert – die Mutter, jede Mutter. Das überpersönliche Engagement ist für sie Selbstverständlichkeit, ihre Agape gegenüber dem Kind ist spontan. Aber gerade deshalb muss dieser natürliche Impuls eines Tages an seinen rechten Platz gelangen, er muss im vollen Licht von der unbewussten auf die bewusste Ebene gebracht werden, auf die geistige, wobei er in seinem Heroismus erkannt und ins Ganze eingeordnet wird. Das ist der Erkenntnisprozess im Liebeswirken allgemein: EROS MUSS AGAPE WERDEN. Ein anderer Mensch ist mir wichtiger, als ich mir bin – Gottähnlichkeit mit Blick auf Krippe und Kreuz. Wir waren ihm wichtiger.

Die menschliche Liebe wird in der Mitte der Bibel ausgestreckt über acht Kapitel in allen Nuancen besungen wie von Engelszungen. Und wie lautet die Gottesbotschaft dieses „Hohenliedes", dem „Lied der Lieder"? Wenn du die Geschichte verstehen willst, so tauche ein ins Mysterium der Liebe und lebe es mit allen Konsequenzen. Dabei wirst du Entscheidendes erkennen, und darum geht es. Du findest auch den göttlichen Kern im andern und lernst glauben, dass Gott, der Sehnsüchtige, dich in eben dieser Weise liebt und selbst geliebt werden möchte. In deinem Selbstvergessen, der wichtigsten Liebeserfahrung, erkennst du: Die Geschichte Gottes mit den Menschen ist ein Liebesabenteuer jenseits der Begriffe. Nimm teil und du wirst die Geschichte verstehen – und sie prägen.

KAPITEL SECHS

VERGEBEN – JA, VERGESSEN – WIE?

Vor langer Zeit habe sie ihrem Ehemann vergeben, ließ eine meiner Hörerinnen bei der Vortragsdiskussion verlauten, doch verfolgen sie bestimmte Erinnerungen noch immer und nehmen an manchen Tagen ganz von ihr Besitz. Deshalb zweifle sie, ob sie ihm ganz vergab, oder ob da nicht noch etwas fehlte. Das Vergeben ist eine Sache, das Vergessen eine andere, aber die Zeit heilt vieles, sagte ich ihr, auch unliebsame Erinnerungen, wenn wir sie nicht immer wieder rufen. Jedes ausgesprochene Pardon hat diese zwei Aspekte, sicher mag es aber auch Vergebungsfälle geben, in denen das Vergessen nicht vorkommt. Ich höre von Ehebrüchen und Rosenkriegen, die Wunde schlug damals zu tief und will nicht heilen. So treiben noch immer Gespenster im Haus ihr Unwesen.

Ich reihe Erinnerungen dieser Art in die Ordnung der Psychologie und sie sind legitim, während eine Versöhnung aus der geistigen Ordnung stammt. Wieder ist der Geist der Unterscheidung gefragt, wieder sind wir bei der lebensnotwendigen Erkenntnisfähigkeit, die wir erwerben müssen auf Biegen und Brechen! Heraus aus der Schlaftrunkenheit zum bewussten Erkennen! Eine zurückliegende Schuld, die vergeben wurde, ist nicht nur psychologisch verhandelt, sondern geistig vernichtet worden, wenn das Verzeihen als heroischer Willensakt geleistet wurde. Warum dann mit dieser Nicht-Existenz noch beschäftigen? Oder etwa so: **„Ich sichere mir da noch einen kleinen weißen Fleck…"**?

Dann wäre an ein Vergessen nicht zu denken. Zwei Aspekte, zwei Ebenen, die sich auch zeitlich verschränken, die horizontal-psychologische und die vertikal-spirituelle Ebene, und der Mensch kann auf beiden zugleich tätig sein. Echtes Verzeihen, ohne Frage, vollzieht sich immer auf der geistigen Ebene. Dein Leid wird dann auch psychologisch ausheilen können, wenn du im Verzeihen nur tief genug angesetzt hattest. Eines Tages fällt es ab wie eine Haut und ist kein Thema mehr. In den USA nennt man diesen Heilungsprozess **„Healing by faith"** (Heilung durch Glauben). Der Glaube an sich selbst vor allem, der etwas Sperriges überwinden will. Glaube und Erneuerung. Die geistige Komponente des Glaubens erklärt den Erfolg. Glaube bringt Erneuerung. Das ist kein hübsches Trostwort meinerseits, sondern seelsorgliche Erfahrung über Jahrzehnte, die weiß, dass manche Wunden in der Tiefe weiterbrennen, so heftig kam der Schlag. Im Englischen rät man zuweilen mit der Aufforderung: **„If you cannot forgive, forget!"** (Wenn du nicht vergeben kannst, dann vergiss wenigstens!). Als Vergebender übst du auch Selbsttherapie, es erleichtert und befreit auch dich, weil der Akt eben kein psychologischer ist, sondern etwas Tieferes.

Die Psychologie ist immer dabei, gewiss. Deshalb muss ein kränkendes Wort gut gewogen werden – mit Herz und Verstand. Der Betroffene könnte selbst Opfer leidbringender Vorkommnisse sein, die ihn aus der Balance warfen. Jetzt rächt er sich unbewusst am Leben und zufällig an mir, um wieder ins Lot zu kommen. Nennen wir es den verspäteten Versuch, die uralte Talion, das Gesetz von **„Auge um Auge, Zahn um Zahn"** anzuwenden.

Hierzu wird man dieses oder ähnliche Bilder einer Kettenreaktion kennen: Ein kleines Kind quält heimlich die Hauskatze. Die Katze kratzt darauf den großen Bruder. Der Bruder revanchiert sich mit einem Tritt gegen den Haushund. Der Haushund beißt den ahnungslosen Besucher und dieser schlägt am Abend seine Frau. Warum quälte das Kind die Katze? Weil es zuvor vom Vater grundlos angeschrien und aus dem Zimmer gejagt wurde. Er wollte allein sein mit seinem Schock über einen Aktiensturz. Da findet Gott allein sich durch, um den Sünder ausfindig zu machen. Ich glaube, er verzeiht ihnen allen, weil er den Überblick hat.

Keiner weiß genug vom andern. Wir sind immer Außenstehende. Andererseits tragen wir Mitverantwortung an einer fremden Schuld, denn wir sind **ein Leib**: Daher fleißig das Differenzieren üben! Auch Jesus sprach und handelte differenziert. Einmal gebot er Milde, Schweigen oder die andere Wange hinzuhalten. Ein anderes Mal forderte er Rechenschaft: **„Wenn ich Falsches gesagt habe, dann sage mir was. Wenn ich Gutes gesprochen habe, warum schlägst du mich?"** (Joh. 18, 22). Es gibt nützliche Beispiele über differenzierte Verhaltensweisen Jesu, die wir im originalen Kontext beleuchten müssen. Das sage ich im Namen der **EXISTENZRELIGION**, meinem Herzensanliegen. Die wahren, alten Texte ins Heute verlegen! Nur lauert eben da die Gefahr, Historisches wortwörtlich festzuschreiben. Das wäre dann die fundamentalistische Auslegung, vor deren Umsetzung uns der Heilige Geist bewahren möge.

Nicht nur in der wissenschaftlichen Fachliteratur, sondern im reichen Maß auch in der Bibel finden sich Mutmacher, wir finden die Weisheit guter Pädagogik im Vergebungsvorgang, das ist erstaunlich! Die alten Weisen wussten nur zu gut, dass jeder falschen Handlung, für die gezahlt werden muss, eine Disposition zugrunde liegt, ein Fehltritt fällt nicht vom blauen Himmel. Deshalb: optimal einfühlen, den Hintergrund ausleuchten! Das kann in sehr vielen Fällen zum gottähnlichen

Freispruch führen. Jesus hat uns eingebunden in sein Erlösungswerk, vergessen wir das nie, auch wenn er die Hauptlast abgetragen hat. Nach seiner Selbstaussage am Jakobsbrunnen ist er der geweissagte **Messias**, der Erlöser, **al-Masih** im Arabischen. Er ist **Ja Shua, Jeschua, Jesus** – das bedeutet **Retter, Befreier** im Hebräischen. Das Rettende ist seine Identität beim Namen genannt. Hat Maria diesen Namen für ihn gewählt? Nein, es war der Verkündigungsengel im Auftrag Gottes, der zu ihr sprach: **„Du sollst ihm den Namen Jesus geben"**.

Dann hat er uns eingebunden in sein Gebot der Nächstenliebe. Zur notwendigen zwischenmenschlichen Schuldentilgung wird der Weg vom blinden Vergeltungswüten bei den ersten Stämmen über das „Gerechte Gesetz", Gleiches mit Gleichem heimzuzahlen bis zur grundsätzlichen Vergebung Jesu deutlich. Er proklamiert sie mit Leidenschaft und erwartet sie von uns. Sein Lieblingswort, die Nächstenliebe, lässt er mit dem Auftrag verschmelzen, **„siebenundsiebzig mal sieben mal"** zu vergeben. Die Höhe der Zahl ist symbolischer Natur und bedeutet **„unbegrenzt"**. Dieser Appell legt uns einen Weg frei, der zuvor unbegehbar schien. Jedem tief leidenden Menschen stehen die Haare zu Berge oder er schlägt den Rat in den Wind. Ja, der Mensch bleibt entscheidungsfrei, frei auch, sein Unglück Auge um Auge und Zahn um Zahn zu rächen. Wer hingegen „unbegrenzt" vergeben kann, nähert sich Gott. Und Gott traut es ihm zu! Er wartet in Geduld und Nachsicht, beides sind Eigenschaften der Liebe, einer Liebe, die warten kann.

Jemand sagte mir, dass er sich selbst nicht verzeihen könne und fürchte, das sei für ihn spirituell problematisch. Er sei besorgt, denn er bemühe sich redlich darum, voranzukommen. Dann nahm er das, wie er sagte, seltsame Wort Jesu her,

„**Liebe deinen Nächsten wie dich selbst**" und fühlte da eine Beziehung zu seinem Problem. Zunächst sagte ich, dass sich mancher Übeltäter gern die eigene Absolution erteilt, weil Jesus auch die Selbstliebe im Programm führt und dass das besser sei als nichts, denn es bezeugt beides – eigene Schulderkenntnis und Reue. Wenn ich mich aber um meine eigene Sauberkeit bemühe, dann sollte ich auch Verständnis für fremde Unsauberkeiten haben. Das könnte zur gegebenen Stunde mein Verzeihen fördern, damit sich ein anderer besser fühlt. Es läuft ein heilender Weg zwischen dem gewährten und empfangenen Verzeihen, dieser öffnet die verstopften Kanäle. Vergeben bedeutet heilen. Danach soll es beiden Seiten besser gehen.

Die anderen sind jene Ichbezogenen, die aufgrund ihrer tief geprägten Selbstliebe weder vergeben wollen noch können, bis sie eines Tages mit geistiger Blutvergiftung flach liegen. Sie fiebern am bösen Saft des Grolls, und damit handeln sie nicht nur zerstörerisch an sich selbst, sondern auch an den anderen. Es gibt Unausstehliche unter uns, die ihre Mitwelt schändlich plagen. Wir brauchen alle eine gute Reflexion über die Egozentrik, den Egoismus und die Selbstliebe. Diese drei Begriffe haben Gemeinsames und Trennendes zugleich, die Wand ist hauchdünn, muss uns aber bewusst werden. Augenfällig ist immer der fest in sich Verschlossene, der zu wenig oder zu viel Selbstliebe besitzt, um bewusst im Leib des Ganzen aufzugehen. Wer kann ihn erlösen? Wir, seine Nächsten!

In einem ganz anderen Licht steht der Reuevollzug in Gestalt einer Selbstgeißelung mittelalterlicher Prägung, die noch nicht ausstarb! An manchen Orten wird der mit spitzen Metallen besetzte Foltergürtel von Geistlichen noch immer getragen und auch das blutrinnende Rückenpeitschen von eigener Hand wird hier und da noch fleißig geübt. Schmerzbetonte Askese für den sündenfreien Weg zu Gott. Ob das gottgefällig war und ist, können wir nicht beurteilen. Vor einem halben Jahrhundert habe ich selbst als begeisterter Jungpriester eine ständig schmerzende Eisenkette auf der Haut getragen und ausgepeitscht habe ich mich zuweilen auch. Damals lebte noch ein Rest der alten Opfermentalität im Jesuitenorden, die hochgesinnte Selbstabtötung, welche auf unsere strengen ägyptischen Wüstenväter zurückgeht. Diese ersten christlichen Mönche unserer Gegend glaubten fest an die notwendige Unterwerfung der Sinne und die Zähmung des Fleisches, weil sie diese „rein" für das Geistige mache.

Die Neuzeit brachte rotes Licht: Halt! **„Fördert in euch andere Dinge, aber nicht diesen morbiden Geist!"** Morbid fand ich junger Enthusiast dieses asketische Tun keineswegs, vielmehr nützlich und heilig. Das liegt nun weit zurück und ist ganz vorüber. Unser hochmobiles Apostolat bietet heute massenweise Gelegenheiten zur Selbstabtötung der natürlichen Art, das kann ich schwören! Wir müssen weiß Gott nicht nach ihr suchen.

Und doch! Vollends aufgegeben habe ich diese Tugend der Selbstbeherrschung bis heute nicht, denn ich nehme das Fasten sehr ernst und nicht nur in der vorösterlichen Bußzeit oder zum Advent. Es wird mich als solches, isoliert betrachtet, sicher nicht weiterbringen, doch ein ernstes Bedürfnis ist in mir wachgeblieben im ständig vermehrten Wissen: Gott ist ein Liebender und ein Liebender ist immer empfänglich für kleine Geschenke. Ich habe unter anderen eben auch diese Geste für ihn, denn, wer weiß, vielleicht braucht er sie gegen anderer Menschen Schuld. Die Fastenstrenge tut aber auch mir gut, ich will mich nicht leichtsinnig von meinen eigenen Launen schikanieren lassen. Zwei Aspekte arbeiten hier eng zusammen, der asketische und der mystische Aspekt.

Versuchen wir vor allem eines: Ohne Hass zu leben, das ist das Wesentliche. Václav Havel (gest. 2011) sagte einmal: **„Ich kann nicht hassen, und darüber bin ich froh, weil es die Sehschärfe trübt."** Nach einer irritierenden, aber nicht uninteressanten Aussage des deutschen Generalfeldmarschalls Erwin Rommel soll man selbst im Krieg ohne Hass auskommen: **„Ich habe die Pflicht zum Kampf gegen den Aggressor, aber ich habe nicht das Recht, ihn zu hassen."** Im Jahr 1942 stand er nahe bei unserem Alexandria in der libyschen Wüste seinem Feind, dem Briten Montgomery gegenüber und – philosophierte. Später las ich seine Memoiren, die 1950 unter dem seltsamen Titel **„Krieg ohne Hass"** erschienen waren. Darin wiederholt er seine Botschaft mehrmals: **„Immer das Herz freihalten vom Hass!"** Es lohnt sich, darüber nachzudenken.

Als Gegenpart der Liebe können wir den Hass nirgendwo brauchen, nennen wir ihn nicht auch den **„teuflischen Hass"**? Ein Wort, das auf seinen Ursprung verweist. Deshalb können wir ihn am wenigsten bei unserer kirchlichen Arbeit ertragen, schon gar nicht in der Ökumene! Ein alter Spruch sagt: **„Wenn du deinen Bogen der Wahrheit spannst, dann tauche die Pfeilspitzen in Honig."** In diesem Sinn wechsle ich auf ein geistiges Kriegsfeld, auf dem nun schon um die 500 Jahre gelitten wird: die Spaltung unserer Kirche.

Bisweilen scheint es mir, als hielten sich die Protestanten näher am wahren Bilde Gottes auf. Ich denke an die Rechtfertigungslehre, die viel mit unserem Thema der Vergebung und Versöhnung zu tun hat. Der uns trennende Konflikt schwelt noch immer, und er betrifft doch das Wesentliche – die Doktrin über die Heilserlangung durch…, ja, wodurch? Wodurch heilt der Sündige und wird heilsfähig? Wie wird der hoffnungslos Verirrte aufgefangen? Beide christliche Lager, die Protestanten und die Katholiken, stellen dieselbe Frage und beantworten sie seit Jahrhunderten unterschiedlich.

Wir Katholiken haben unsere „guten Werke" im Fokus, in sie legen wir Hoffnung, gerechtfertigt, also von Verschuldungen freigesprochen zu werden. Die Protestanten verlassen sich auf die Gnade Gottes, auf die Gnade seiner restlosen Vergebung und beziehen sich auf die paulinischen Briefe (Galater und Römer). Wir bevorzugen den Jakobusbrief. Jakobus behauptet, ein Glaube ohne gute Werke sei nutzlos. Das irritiert gelegentlich. Nein, sagt der Protestant, die Gnade wird uns unverdient zuteil und er zitiert wiederum Paulus, der unser Heil letztlich im Glauben erkennt. So auch ich, und je älter ich werde, umso mehr. Auch die Liebe kannst du dir nicht verdienen, sie kommt zu dir. Wisse aber, du bist angenommen, **„angenommen von einem Größeren als du selber bist"**, schrieb Dietrich Bonhoeffer (gest. 1945). Nichts anderes wollte der mutige protestantische Theologe uns im Angesicht seines nahen Todes hinterlassen, als diese Heilsgewissheit in eine bedingungslose und ewige Liebe Gottes. Wer solche Texte unter Attacken des Selbstzweifels oder in schweren Tagen der Glaubensschwäche meditiert, kann bald seinen Frieden wiederfinden. Die unvorstellbare Liebe Gottes ist unkompliziert.

Leider konnte dieser unselige Kirchenkonflikt bis heute nicht zur Aussöhnung finden, aber man ist sich näher gekommen. Beide Ansichten führen zumindest auf einen gemeinsamen Weg zum noch fernen Ziel. Ich frage mich: Fühlen wir nicht alle, dass die Gnade aus der freien Zuwendung Gottes quillt? Wir können sie nicht berechnen, sondern uns nur beschenken lassen. Unsere Erlösung können wir uns nicht verdienen. Wenn du einmal nach einem tiefen Reueprozess die erlösende Gnadenkraft der Vergebung gekostet hast, dann schlägt sich diese Freude mit Sicherheit in „guten Werken" nieder. So wirkt dann beides zusammen. Rückblickend erkennst du das Wunder: Die Gnade stellte keine Bedingungen, sie kam, ließ dir Neues entstehen, erzeugte Gutes durch dich.

Immerhin kam es am Reformationstag 1999 in Augsburg zur erhofften **GEMEINSAMEN ERKLÄRUNG** beider christlicher Kirchen zu bestimmten theologischen Inhalten, die zuvor ungeklärt im Raum standen oder als häretisch verworfen wurden. Das war die ökumenische Öffnung unter Papst Johannes Paul II., unterzeichnet vom Präsidenten des PÄPSTLICHEN RATES ZUR FÖRDERUNG DER EINHEIT DER CHRISTEN, Kardinal Edward Cassidy, und vom Präsidenten des LUTHERISCHEN WELTBUNDES, Christian Krause. So geschah es nach 500 Jahren!... Und wem war eine Schlüsselrolle zu verdanken? Dem damaligen Kardinal Joseph Ratzinger. Er stimmte dem ökumenischen Ziel „Einheit in der Vielfalt" zu, anstatt die Wiedervereinigung der protestantischen Welt mit Rom zu fordern. Das war erleichternd zu lesen für jene. Ratzinger anerkannte auch die Autorität des LUTHERISCHEN WELTBUNDES im Einverständnis mit dem Vatikan.

Vergessen wir nicht, einen Blick auf die koptisch-orthodoxe Liturgie zu werfen, die in einem einzigen Wort der Zukunft zuvorkommen will. Beim Glaubensbekenntnis hören wir die Gläubigen sprechen: **„Ich glaube an die eine, universelle Kirche"**. Nicht an die orthodoxe, nicht an die protestantische, nicht an die katholische Kirche glauben die Kopten, sondern an die EINE UNIVERSELLE KIRCHE – der Zukunft, die für sie im Glauben bereits Gegenwart ist.

Vertrauen wir. Grenzenlos ist mein Vertrauen in den steten Fortschritt kirchlicher Arbeit. Beginnend mit einer couragierten Umarbeitung der Verkündigungssprache! Anfangs war sie selbstverständlich ganzheitlich, Körper, Geist und Seele wurden benannt. Verkündigung keineswegs theoretisch und dogmatisch, das frustriert und zeugt von mangelnder Menschenliebe. Mit einer leuchtenden, beweglichen Glaubenssprache ins neue Europa! Dieser Kontinent braucht die christlichen Werte dringender denn je, doch bitte auf eine neue Art! Wenn jemand ein Restaurant führt und die Gäste bleiben aus, dann kann er wohl den Gästen die Schuld nicht geben. Er ist fantasielos und wird sich eingestehen müssen, dass es ihm an Einfühlung fehlt.

Leider wiederholt die katholische Kirche manche ihrer alten Sünden immer wieder und keiner versteht es. Hochgepeitscht von den Medien, die davon leben! Das ist die eine Seite, welche die andere oft überdeckt: Ich sehe vor mir ein gigantisches und weltumspannendes Bollwerk unzähliger Hilfsorganisationen gegen die **„soziale Sünde"**, die von der katholischen Kirche ins Leben gerufen, durchkämpft und gemeistert werden. Diese missionarische Arbeit glänzt wie nie zuvor in ihrer Geschichte und sie kostet auch Märtyrer. Der „Osservatore Romano" nennt eine Zahl: 1000 Missionare seit 1980. So haben wir Licht und Schatten wie überall. Im Schatten solcher Menschlichkeit boomt der schrankenlose individuelle wie kollektive Egoismus, der sich nicht darüber aufklären lässt, dass die Opferbereitschaft tief im Leben verankert und in die Evolution eingeschrieben ist. Sonst geht gar nichts.

Der persönliche Glaube an eine unverdient einwirkende Gnade ist aber seit jeher meine existenzielle Erfahrung. Gott ist frei, er rechnet nicht, er liebt. Göttliche Liebe muss vollkommen und demnach auch unbegrenzt sein. Stellen wir unsere Anklagen und Selbstanklagen in dieses befreiende Licht. Judas ist unter uns, er findet den Ausweg nicht. Doch Gottes Herz ist größer als Judas. Seine Menschwerdung und sein

Sterben am Kreuz bedeuten Vergebung wie er sie nicht deutlicher machen konnte und machen wird.

Ich lasse einen Text folgen, der dieses Buch in seinem Anliegen wesentlich zusammenführt. Es ist das bewegende Glaubenszeugnis einer spirituellen Ungarin aus meinem Freundeskreis, 1989 viel zu früh in Alexandria verstorben. Mögen ihre Zeilen manchen Leserinnen und Lesern dann und wann zum Trost gereichen und ihre Meditation erleuchten.

AN DER GRENZE
(Cornelia von Putnocky)

An der Grenze meines Selbst,
dort ist ER,
wo meine Hoffnung zerrinnt,
dort ist ER,
wo meine Kräfte versagen,
dort ist ER,
wo mein Verstand keinen Weg mehr kennt,
dort ist ER,
wo mein Ego stirbt,
dort ist ER,
wo der Tod die Schwelle hütet,
dort ist ER,
wo die nackte Summe meines Lebens
auf der Waage der BARMHERZIGKEIT gewogen wird,
dort ist ER,
und ER nimmt die blasse Flamme, die ich bin,
auf in das Licht der ewigen Freude.

KAPITEL SIEBEN
MUTPROBE FEINDESLIEBE

„Liebt eure Feinde, tut Gutes denen, die euch hassen!" (Lk. 6, 7). Im Sommer 2011 vernahm ich eine Meldung aus El Salvador: Der dortige Erzbischof José Luis Escobar forderte Amnestie für die mutmaßlichen Mörder von sechs Jesuiten und zwei Frauen im Jahr 1989. Sein schlichtes Argument lautet: **„Wir müssen versuchen zu vergeben und Frieden zu schließen"**. Bald darauf hörte ich aus Bagdad, dass der dortige Weihbischof sich gegen die Todesstrafe der drei inhaftierten Terroristen ausgesprochen habe, die jenes furchtbare Blutbad in der syrisch-katholischen Marienkathedrale Sayidat-al-Nejat angerichtet haben. Das war im Oktober 2010, 58 Menschen starben während der Messe, darunter Kinder. Trotzdem versucht der Bischof, ein sanftes Zeichen zu setzen,… **„Tut Gutes denen, die euch hassen!"**

Hass gebiert Hass, Hass gebiert Selbsthass. Hass zerfrisst den Geist, den Alltag, die Lebensfreude, den Frieden. Glauben, dass wir nicht dazu verdammt sind, ewig nach dieser Teufelsmelodie weiter zu tanzen. Glauben, dass die Sackgasse erkannt wird und dass der Ausgang ausgeschildert ist, denn Christus versicherte: **„Mein Vater wirkt bis zur Stunde und ich wirke auch"** (Joh. 5, 17). Das klingt beruhigend, soll uns aber nicht einschläfern, denn gibt es nicht das Gebot der Feindesliebe? Ein bleischweres Joch, wollen wir sagen, Jesus aber nannte es „leicht". Ich bin im Orient nicht selten Zeuge, wie scharf der Muslim aufbegehrt beim Stichwort Feindesliebe. Dieses Ding sei „moralisch anfechtbar", sagte mir missmutig ein ägyptischer Muslim. Und ein Pariser Muslim nannte es „absurdes Theater" und lachte.

Die Feindesliebe ist nun aber ein Charakteristikum des Christentums und eines der profiliertesten, denn hinter ihm richtet sich das Kreuz unübersehbar auf und unsere Argumentationen verstummen. Die Feindesliebe bricht mit der Versuchung, oder gar dem Zwang zur Vergeltung. Wenn wir im Rahmen moralischer Gesetzesparagraphen haften bleiben wollen, dann interessiert uns keine Vergebung, im Gegenteil, Gerechtigkeit pocht auf Sühne und Bereinigung. Schrieben aber große Menschenseelen nicht immer dagegen an? Ich denke besonders an Romano Guardinis (gest. 1968) Auffassung, denn er steht mir in seiner existenziellen Spiritualität nahe. Ich zitiere aus seinem zeitlosen Buch „Der Herr" (16. Aufl., 1997): „**Der Mensch kann die Gerechtigkeit nicht vollbringen, wenn er nur Gerechtigkeit will. Wirklich gerecht kann er nur von einem Standort aus sein, der über der Gerechtigkeit liegt. Der Mensch kann der Ungerechtigkeit nicht widerstehen, wenn er bloß das rechte Maß zu wahren sucht, sondern erst, wenn er aus der Kraft der Liebe handelt, die nicht mehr misst, sondern schenkt und schafft. Dann erst wird echte Gerechtigkeit möglich. Wenn du nur gut sein willst, sobald dir Güte begegnet, wirst du nicht einmal dieser Güte entsprechen. Selbst Güte mit Güte vergelten kannst du nur, wenn du eine Höhe über der Güte gewinnst: die Liebe. Von ihr geschützt wird erst deine Güte rein."**

Die nachfolgende Episode vom Mädchen Majdoline hört sich harmlos an, hat aber ihre Größe neben Unmengen brillanter theologischer Traktate, die sich anstrengen, uns zu belehren. Im Jahr 2009 gab ich Ordensschwestern im Libanon Exerzitien. Eine von ihnen erzählte uns ein schulisches Erlebnis, als sie zwölf Jahre alt war. Es war in Jezzine, einer Kleinstadt im Süden des Landes, Majdoline war die einzige Christin ihrer Klasse, die anderen Mädchen waren Drusen, also Musliminnen. Der Schulalltag verlief normal und friedlich –

bis zu jenem Tag, als Majdolines beste Freundin laut werden ließ, sie wolle Christin werden. Vor etwa dreißig Jahren war das nicht unbedingt lebensgefährlich. Aber da brach der Unmut aus. Sticheleien, Hohn und Beleidigungen am laufenden Band, gezielt auch gegen Majdoline, sogar mit schmerzhaften Tätlichkeiten. Plötzlich wurde sie als Außenseiterin geschmäht – und gequält. Aber sie reagierte nicht, blieb gleichmütig, lächelte und schwieg. Eines Tages verlor ein irritierter Quälgeist die Nerven und rannte wutentbrannt zum Direktor, weinend und schluchzend: **"Majdoline, Majdoline, Majdoline! Ich hasse diese Christin, aber sie liebt mich!"** Der überforderte Mann fragte Majdoline: **"Wo hast du das her? Erkläre Dich!"**, um die Antwort zu bekommen: **"Aus dem Evangelium der Christen. Das ist doch normal!"**... Am folgenden Tag bat er Majdoline heimlich, ihm ein Exemplar des Neuen Testaments zu beschaffen.

Evangelium pur. Gelebt von einem Schulkind, weil es in Besitz einer Herzensbotschaft war, die in ihm Wurzeln schlagen konnte – das milde Verzeihen im kleinen Alltag und doch so groß wie Jesu Gespräch mit Gott, ausgespannt auf dem noch liegenden Kreuz: **"Vater, vergib ihnen, denn sie wissen nicht, was sie tun"** (Luk 23, 34). Kein Getaufter sollte es versäumen, sich wirklich mit dem Evangelium auseinanderzusetzen, um zur Erkenntnis des allumfassend Ganzen zu finden. Etwas oder jemanden kennen heißt noch lange nicht, es oder ihn verstanden und sein Wesen erfasst zu haben. Beim Lesen dieser Texte wird klar, dass es göttliche Kräfte sind, die in uns denken und handeln. Diese Kräfte werden zu unseren Gedanken und die Welt kommt geistig um ein Weniges voran. Gib diesen unvergleichlichen Texten Raum in dir und genügend Freiheit zur Entfaltung. Gottes Anliegen spüren! Seine Kenosis erfassen, das heißt seine Selbstverleugnung, seinen Verzicht und seinen Verlust bis ans Kreuz. Verstehen wollen, was „Christi Nachfolge" bedeutet.

Denn bewunderungswürdig, ja anbetungswürdig, ist Gott für mich nicht im unermesslichen Zeugnis seiner herrlichen Allmacht, sondern umgekehrt, im Verzicht all dessen. Es ist der Erweis seiner Liebe, die sich uns Menschen zuwendet, weil wir in Schwierigkeiten sind. Dieser Akt von Empathie göttlichen Umfangs und Ausmaßes bis zur eigenen Selbstaufgabe ist das Herzstück des christlichen Mysteriums und die Krone jeder Vergebung. Ein Gebet der lateinischen Liturgie preist in strahlenden Worten die wahre Größe Gottes, die sich nirgendwo klarer offenbart als in seiner Barmherzigkeit. Dieses Paar, Größe und Milde, soll uns den Weg weisen in unsere oft vernebelte Beziehungswelt. Und wenn du fähig bist, seinem Beispiel gedanklich und praktisch zu folgen, indem du unter Opfern Nächstenliebe und Vergebung schenkst, dann bist du Gott ähnlich.

Der große Theologe Guardini und das kleine libanesische Mädchen Majdoline antworten uns auf die immer wiederkehrende Frage: Wie verträgt sich die Vergebung mit unserem Gerechtigkeitsempfinden? Gut, sehr gut sogar, wenn sie echt ist, tief ansetzt und darüber hinaus zu denken weiß. Wir müssen vom Standort der Liebe her die Dinge ordnen und behandeln. Denn die Liebe allein kann im „Gegner" die vorhandene Güte ausfindig machen. Die verzeihende Nächstenliebe ist demnach kein Kunststück, sie deckt nur auf, was da ist, sie legt offen, was im Menschen noch verborgen ist und aus Gott stammt.

Fünfzehn Jahre dauerte der libanesische Bürgerkrieg (1975–1990) und er war unvorstellbar grausam auf beiden Seiten, auf der christlichen wie auf muslimischer Seite. Und doch gab es im Wüten dieser gnadenlosen Kriegsgewalten ein Gegenbild, die Geschichte des jungen Libanesen Chassibé Kayrouz, welche intensiv an die Steinigung des ersten christlichen Märtyrers Stephanus denken lässt, der **„laut schrie: ‚Herr, rechne ihnen diese Sünde nicht nach!' und verstarb"** (Apostelgeschichte 7).

Chassibé, aus armen Verhältnissen kommend, war ehemaliger Schüler unserer Jesuitenschule in Beirut und jetzt ein überzeugter Priesteramtskandidat. Auf dem Weg von seinem Heimatdorf Naba'a zurück ins Priesterseminar wurde er auf bestialische Weise ermordet, und die erstaunten Jesuiten fanden bei ihm ein voll beschriebenes, dreimal gefaltetes Blatt – sein Testament! Darin sieht der Student seinen nahen Tod und selbst den Ort exakt voraus: **„Der Feind wird mich dort ergreifen, quälen und hinrichten, und das wird bald sein, ich weiß es. Ich will Euch nur um eines bitten: vergebt dann jenen, die mich getötet haben, bitte vergebt ihnen und betet für sie."** Chassibé ist keine zwanzig Jahre alt geworden. Er hat uns mit diesem Zeugnis beschenkt.

Im selben Zeitraum hatten wir auf staatsmännisch-politischer Ebene den todesmutigen Anwar al Sadat (ägyptischer Präsident von 1970 bis 1981), der 1973 seinen unerwarteten militärischen Sieg über Israel feierte. Doch seine innere Stimme gab ihm andere Dinge ein – wohl ähnlich den viel zitierten Wahrheitssilben Papst Johannes Paul II: **„Jeder Krieg ist eine Niederlage der Menschheit."** Sadat sagte sich, wir können nicht in alle Ewigkeit im Kriegszustand mit Israel leben und verkündete mit fest entschlossener Stimme, er sei bereit, hinüber zu fahren in die Knesset, um den israelischen Premier Menachem Begin zu treffen. Er wollte Frieden schließen. Ganz Ägypten blieb der Atem weg. Ein Donnerschlag auch für die komplizierte Nahost-Diplomatie und allen aufgestauten Hass. Selbst Israel stand unter Schock, sah aber ein, dass man diese ausgestreckte Hand nicht abweisen könne, zumal es selbst den Frieden dringend brauchte. Sadat wurde offiziell eingeladen und der Tag der Aussöhnung kam später wahrhaftig. Der Ort der Unterzeichnung der Verträge, Camp David bei Washington, ist seitdem ein Synonym für Versöhnungspolitik verfeindeter Staaten. Undenkbares konnte dort im Jahr 1978 realisiert werden, zwei Unterschriften brachten nach 37 Jahren endlich Frieden für Ägypten und Israel.

Das Geheimnis des Erfolges? Der Glaube! Sadat glaubte an seine Inspiration und er glaubte an den Feind, weil er an den Frieden glaubte. Paradox? Und wie wurde sein Wagnis außenpolitisch quittiert? Negativ. In der nahezu gesamten arabischen Welt einhellige Ablehnung. Das überraschte ihn nicht, es war einberechnet. Selbst die Tatsache, unterwegs umgebracht zu werden, legte er mit in die Waagschale und entschied nach seinem Gewissen. Bereits drei Jahre später, im Oktober 1981, wurde Anwar al Sadat tatsächlich bei einer Militärparade in Kairo umgebracht.

Sadat war ein gläubig praktizierender Muslim, der aber, im Grunde wie Gandhi als Hindu, christliche Versöhnungspolitik betrieb und allen Konsequenzen ins Auge sah. Jeder Mensch kann ganz neue Zeichen setzen, um unmöglich Erscheinendes zu überwinden. Sadats Annäherung an Israel war kein Spaziergang. Wie schwierig es war, zeigt, dass der Hass heute – 35 Jahre nach Friedensschluss – im weiteren Umfeld noch immer kocht. Es bleibt das Geheimnis Gottes, wann Israel und die Palästinenser zur Versöhnung finden werden. Ich spüre aber, dass Vernunft und Wille wachsen und ich sage voraus, dass die Menschen dieser Länder eines Tages, wie man im Orient sagt, vom selben Teller essen werden.

Denken wir an die Weissagung Jesajas: **„Mein Volk wird an einer Stätte des Friedens wohnen, in sicheren Wohnungen, an stillen und ruhigen Plätzen."** Ich rate auch zur Lektüre eines interessanten Autors, dem zeitgenössischen palästinensischen Priester Elias Chacour, Melkite wie ich, er zelebriert wie ich den griechisch-katholischen Ritus. Sein Buch „**Frères de Sang**" (Blutsbrüder) hat er 1988 in Paris veröffentlicht. Chacour ist als Palästinenser zugleich israelischer Staatsbürger, von dem wir folglich andere Dinge erfahren. Sein priesterlicher Appell: **„Israelis und Palästinenser sind Blutsbrüder, das sollten wir zu keiner Stunde vergessen."**

Dazu will ich von jüdischer Seite den genialen Philosophen Emmanuel Levinas (gest. 1995) nennen und den großen mystischen Denker und Talmud-Lehrer Rabbi Abraham Joshua Heschel (gest. 1972). Das Thema dieser Ethiker ist die Geschwisterlichkeit aller Menschen dieser Erde. Mit ihm befasste sich leidenschaftlich auch der französische Philosoph Jean Lacroix (gest. 1986) beschwörend, dass wir alle EINER RASSE angehören, der Spezies Mensch. Was meinen fernen, fremden Bruder betrifft, betrifft auch mich und das sei nicht schwer zu verstehen, meinte der Existenzialist. Wir sind verwoben zu EINEM Tuch, zum Tuch der Menschheit und bilden EINE Weltgemeinschaft. Ich lasse Jean Lacroix sprechen:

„Weder die Macht allein, noch das Recht allein, noch die Liebe allein reichen aus, eine gute Gesellschaft zu gründen. Nur eine gewisse Dialektik in der Beziehung von Recht und Liebe wird imstande sein, eine wahre menschliche Gemeinschaft auf Friedensbasis zu erhalten. Das wäre der Gnadenzustand für die Nationen." Das Recht an sich, betont er, kann sich nicht nur an sich selber freuen, es ist in sich ungenügend. Das Recht an sich legitimiert sich nur in seiner Vorbereitung für eine „regierende" Liebe, die kommen wird.

Und dann wird die Liebe selbst ihr eigenes, neues Recht und ihre Gerechtigkeit erzeugen. Auch dann noch erfolgreich, wenn sie sich zeitweise an bio-soziologischen Grenzen wundscheuern muss.

Einen verwandten Gedankenentwurf finden wir schon beim Meisterformulierer Blaise Pascal (gest. 1662): **„Gerechtigkeit ohne Macht ist schwach. Macht ohne Gerechtigkeit ist tyrannisch. Gerechtigkeit ohne Macht ist zwiespältig, weil es das Böse immer geben wird. Macht ohne Gerechtigkeit wird verurteilt. Also müssen Gerechtigkeit und Macht zusammenwirken, damit das Gerechte stark und das Starke gerecht sei."** („Pensées" Nr. 298) Diese funkelnden Worte eines Erleuchteten sind für unsere Ellenbogengesellschaft einerseits, die angefüllt ist mit Banalität und der ganzen Traurigkeit des Konsums, und andererseits für die träumenden Gutmenschen von brennender, weltpolitischer Aktualität, da sich Ökonomie und Finanzwesen zunehmend mafiöser gebärden. Da ist ein neuer Rufer in der Wüste nötig, ein furchtloser Johannes, der zur sofortigen Umkehr mahnt und uns überzeugt, dass eine menschlichere Welt geschaffen werden muss. Jetzt! Ohne Aufschub alle Willenskräfte mobilisieren, alle Kompetenzen bündeln, alle Intelligenzen und positiven Energien dieses Planeten zusammenfließen lassen für einen Aufsprung im Spirituellen mit anderer Zielsetzung.

Ich sprach von der infektiösen sozialen Sünde unserer Zeit. Die Wirtschaftspolitik des Westens hat eine derart hohe Bedeutung erlangt, dass sich ständig kuriose Dinge manifestieren. So werden, wenn woanders Millionen Menschen verhungern, sündhaft teure Werbespots über die TV-Schirme gejagt, um exzentrische Tier-Spielereien und vor allem das tägliche Delikatess-Futter für Hunde und Katzen zu propagieren. Inzwischen wurde auch kirschroter Nagellack für Hunde kreiert!

Und es gibt allen Ernstes ein maßgeschneidertes Nerzjäckchen für einen Mops. Die Welt ist aber transparent geworden, der Dritten und Vierten Welt entgeht das nicht.

"Was wir sind, ist noch nicht offenbar! schreibt der hl. Johannes in seinem ersten Brief, und umso gnadenbedürftiger ist die Menschheit, die auf ihrem Weg durch die Zeit moralisch immer wieder zusammenbricht. Aber der Himmel vergibt und beginnt mit uns neu, Gott versöhnt uns mit sich im Akt reiner Liebe, der das Böse herausfordert und überwindet zu unserem Heil. Das ist göttliches Schaffen in Potenz und es wirkt sich „wellenförmig" aus in allen Dimensionen des Seins. Aber auch unsere menschlichen Vergebungsakte sind Teilhabe an dieser Heilsgestaltung. Im irdischen Spektrum sind es Eisbrecher, mutig eine neue Initiative ergreifend. Die intuitiven Künstler, Dichter oder Liedermacher sind dem oft sehr nahe.

Der weise Saladin, Sultan von Syrien und Ägypten, Salah al-Din al-Ayyubi, dieser muslimische Herrscher im 12. Jahrhundert, wurde für seinen großzügigen Geist weltberühmt und ist es bis heute in der Weltliteratur geblieben. Seine menschliche Fähigkeit zu vergeben, seine ritterliche Haltung und nicht seine Politik brachten ihm das Attribut „der Große" ein. Wer Feindschaft überwindet und die Vorzeichen anders setzt, ist immer groß. Verzeihen heißt, sein Herz ausdehnen. Unser Herz ist elastisch, es liebt diese Ausspannung auf ein Größeres hin.

Nehmen wir deshalb Jesu Anliegen der Feindesliebe ernst und glauben wir an die Umwandlung des Menschen in den Ostertagen! So konnte auch Paulus an die Römer schreiben: **„Betet für die, die euch verfolgen. (...) Euer Vater im Himmel lässt seine Sonne aufgehen über Böse und Gute und er lässt es regnen über Gerechte und Ungerechte."** (Mt. 5, 45) Gerechte und Ungerechte!... Dass diese Unterscheidung vielfach der subjektiven Wahrnehmung unterliegt, zeigt unsere Weltgeschichte. Alle gleichsam lieben und jedem alles verzeihen? Das „**leichte Joch**" der Feindesliebe meistert wohl nur Gott allein, glauben wir.

Zum derzeit ungelösten Thema **Islamisierung der Welt** habe ich während der letzten Jahre in mehreren europäischen Bildungshäusern den Vortrag „**Der Islam zwischen Mystik, Fundamentalismus und Moderne**" gehalten. Gewissermaßen als ein Entgegenkommen zum besseren Verständnis der Problematik durch das Mittel der Differenzierung. Besonders die Erhabenheit, spirituelle Tiefe und betörende Sprachschönheit der islamischen Mystik, dem Sufismus, erstaunte und fesselte viele Besucher. Nur ist eben das nicht „der" Islam, der politisch und gesellschaftlich die Welt übernehmen will. Außerdem wird der Sufismus in seinen diversen Schattierungen (auch Scharlatane sind unterwegs wie in der Mystik vieler Religionen) offiziell nur eben am Rande geduldet, wenn nicht gar als Häresie bekämpft. In Ägypten kam es einmal zu einer Säuberungsaktion der „reinen Lehre", bei der zeitgleich 50 Zentren muslimischer Mystik zerstört wurden.

Im Fokus sind aber die verhassten Christen. Weltweit beträgt **der zahlenmäßige Anstieg gezielter Christenverfolgung in den letzten neun Jahren 309%** (NEWSWEEK 13.2.2012). Nochmals bekunde ich meine einzige Hoffnung angesichts der Wolke des Nichtwissens und Nichtwissenwollens im Westen, die ich auf einige vernünftige und couragierte Muslime setze, welche diese Gewissensfrage mehr plagt, als viele Europäer. Es gibt sie! Unter Einsatz ihres Lebens versuchen diese Reformdenker einer schaurigen Entwicklung entgegenzuwirken. Einen anderen Weg sehe ich nicht, zumal mit den meisten Europäern in diesem Punkt klarsehend, wissend, ruhig und zielführend kaum zu reden ist. Bald könnte es aber zu spät sein. Seit zehn Jahren veröffentlicht der „Weltverfolgungsindex" im Rahmen von OPEN DOORS, dem „Hilfswerk für verfolgte Christen", Zahlen. Doch Zahlen bleiben Zahlen.

Was der Westen verabsäumt, besorgen unabhängig voneinander zwei blitzgescheite muslimische Frauen weltoffenen Geistes und unerhörten Mutes, Ayaan Hirsi Ali und Layla Adjahoud. Am 13. Februar 2012 schrieb („schrie" möchte man sagen) erstere die Coverstory des US-Magazins NEWSWEEK unter dem Titel **„DER KRIEG GEGEN DIE CHRISTEN"**, und innen im Heft startet ihr achtseitiger Artikel mit der Überschrift **„Der Anstieg des Christenhasses. Von einem Ende der muslimischen Welt bis zum anderen werden Christen für ihren Glauben ermordet"**. Mit reichem Bildmaterial und belegten Aussagen über Dauerattacken zwischen Westafrika, dem Nahen Osten und Asien. Und welches Coverfoto zeigt diese Titelgeschichte? Mein Schock!... Es zeigt das große Christusgesicht unserer alexandrinischen „Kirche der Heiligen" mit dem abrinnenden Blut der ringsum sterbenden Kopten nach ihrer Messe am 1. Januar 2011.

Wer ist Ayaan Hirsi Ali? Das Internet sagt, sie sei 1969 in Somalia geboren, als Muslimin, jetzt lebe sie in den USA **„an einem verborgenen Ort"**, nachdem sie schon in Holland als Parlamentsabgeordnete Morddrohungen ausgesetzt war. Aber niemand bringt sie zum Schweigen. In Amerika wirkt sie als wissenschaftliche Mitarbeiterin eines Think Tanks. Und sie publiziert ihren Gewissenskonflikt.

Acht bebilderte Seiten über Christenjagd und Massaker aus der Feder einer nichtchristlichen Afrikanerin – das hat Gewicht, so hoffe ich, und nimmt manchem Leser der NEWSWEEK die rosa Brille ab. Ayaan Hirsi Ali mahnt, sich einmal vorzustellen, dieselbe Opferzahl ermordeter Christen wäre auf einem Platz konzentriert, dann würde dieser Wahnsinn als **Völkermord** erkannt werden und als **Menschenrechtsverbrechen** (nach Artikel 18 der Allgemeinen Erklärung der Menschenrechte, dem Recht auf Glaubens- und Religionsfreiheit) ins allgemeine Bewusstsein treten. So aber geschieht es global und tagtäglich in allen Teilen des expandierenden islamischen Universums. Massensterben durch Granaten, angezündete Benzinkanister, Sprengsätze, Schusswaffen, Buschmesser, Gefängnisfolter und anderes mehr. Abertausende christliche Kirchen sind schon niedergebrannt. Jagd auf Geistliche. Weiter erklärt sie, dass diese Gewalt gegen die **„Ungläubigen"** nicht zentral gesteuert und geplant wird, sondern – ebenso gefährlich – ein spontaner Ausdruck von Christenhass regelgläubiger Muslime jenseits geografischer und ethnischer Grenzen ist. Beispiel: Im überwiegend christlichen Äthiopien zündet gar die muslimische Minderheit des Landes christliche Kirchen an! Und so ist es zur Norm geworden – Christensterben als Norm.

Ayaan Hirsi Ali appelliert: **„The conspiracy of silence surrounding this violent expression of religious intolerance has to stop!"** (Die Verschwörung des Schweigens, die diese Gewalttaten religiöser Intoleranz umgibt, muss enden!) In starker Sprache spricht diese Frau von „Christenpogromen", wobei der große Exodus, die Verjagung der Christen aus ihren Heimatländern, noch die mildeste Strafe dafür ist, Christ zu sein. Ayaan Hirsi Ali stellt **Forderungen an die westliche Welt**. Erstens: Sie will die Milliarden Dollar an Hilfsgeldern nicht mehr bedingungslos in der muslimischen Welt verteilt sehen, sondern nur noch unter Bedingungen, vor allem soll das Recht auf freie Religionsausübung für alle Bürger eines Landes und der persönliche Schutz von Minderheiten garantiert werden. Zweitens: Anstatt sich umständlich mit der Tabuisierung angeblicher **Islamophobie** zu beschäftigen, wäre es jetzt dringlicher, einen festen Stand gegen die anwachsende **Christophobie** einzunehmen! Der lange Artikel endet beschwörend: „**Tolerance is for everyone except the intolerant**" (Toleranz gilt für jeden außer für den Intoleranten) Das war die laute Stimme des Gewissens einer todesmutigen Afrikanerin in einem englischsprachigen Weltmagazin, um die Öffentlichkeit wachzurütteln. Handelt sie nicht Gott ähnlich in ihrer Kenosis, ihrer Selbsthingabe und Entäußerung? Nächstenliebe kann das Leben kosten.

Die andere zutiefst empörte Frau und ihr Mut sind nicht weniger frappierend. Layla Adjahoud lebt in Frankreich. Sie ist eine betont überzeugte Muslimin, denn sie trägt den Niqab, den Gesichtsschleier. Am 7. Januar 2011 ging auch sie mit einem Artikel in der französischen Tageszeitung „**Libération**" an die Öffentlichkeit, in dem sie die Leserinnen und Leser mit einer umfangreichen Serie schockierender Verse aus den Koran-Suren konfrontierte. Diese sind ja effektiv die Quelle der weltweiten Verfolgung der „Ungläubigen", denn der Koran lebt nicht nur in jedem Haushalt, er wird auch auswendig gelernt. Exegese verboten! Furchtlos machte Layla Adjahoud in Frankreich bestimmte Verse publik, die das jederzeit mögliche Schicksal von „Ungläubigen" an die Wand malen: Ich übernehme nur einige der sehr vielen, einander ähnlichen, die sie zusammengetragen hat: „**Tötet sie, wo ihr sie trefft!**" (2/19), „**Ergreift und tötet sie, wir haben gegen sie Vollmacht**" (4/89 und 91), „**Töte und kreuzige man sie, amputiere sie oder verweise sie des Landes**" (5/33), „**Enthauptet sie!**" (8/12), „**Tötet sie wo immer ihr sie findet!**" (9/12)... und so fort.

Es scheint, dass im Islam die Sünde der Glaubensabkehr oder gar die Konversion ganz besonders geahndet wird, denn schon in den Familien kann die Rache beginnen durch Verprügeln, Verstoßen, Anzeigen mit Hinrichtung! Layla Adjahoud bringt hierzu ein Zitat aus der „Sunna des Propheten", der zweitwichtigsten Quelle des islamischen Rechtes neben dem Koran: **„Wenn ein Muslim seine Religion verlässt, dann tötet ihn!"** (Ikrima, Bukhari L II, 260). Was hier vor etwa einundeinhalb Jahrtausenden festgeschrieben wurde, ist heute noch in Ländern wie Saudi-Arabien und dem Iran rechtsverbindliche Realität, wir wissen es. Für Konvertiten gibt es kein Pardon.

Was sah Christus voraus, als er mit großer Selbstverständlichkeit aussprach: **„Wie sie mich verfolgen, so werden sie auch euch verfolgen"** (Joh. 15, 20)? Ich nehme einen anderen Warnspruch Jesu: **„Wehe der Welt der Ärgernisse wegen. Ärgernisse müssen zwar kommen, doch wehe dem Menschen, durch den das Ärgernis kommt"** (Mt. 18, 7).Und „lieben und segnen" sollen wir unsere Feinde, wenn es so weit ist? Das sei **„moralisch anfechtbar"**, urteilte der erwähnte Muslim. Also wie sollen wir handeln? Gott ähnlich! Und das ist ohne Kreuz und Todesfurcht nicht zu haben, aber der Gewinn ist unermesslich groß. Schritt um Schritt nähern wir uns damit der übernatürlichen Einheit aller Menschen im Mystischen Leib.

Die Glocke läutet... Umkehr ist angesagt – wer spürt es nicht auf vielen Ebenen gleichzeitig? Und wie stellt sich in unserer Generation die Kirche diesem Anspruch, diesem Auftrag? Wer seine Ohren nicht verschließen mag, der höre und werte die positiven Entwicklungen, welche Zuversicht geben. Zu allen Zeiten lehrte die Kirche Vergebungsbereitschaft, doch sich selbst klammerte sie oft ungeniert aus. So erlebten es viele Christen und empfanden das als unverzeihliche Schuld. Keine Frage, unsere Kirchengeschichte war nicht die schönste, man war oft ungehorsam gegen das Evangelium. Im Gegenlicht zur jesuanischen Liebesbotschaft gab es viel Lüge und

Gewalt. Unsere „hochwürdige" Geistlichkeit war, trotz vieler guter Werke, ethisch nicht immer auf der Höhe, weder im Verzeihen, noch im Liebeswirken.

Ein Vergebungsakt kann, trotz der Dringlichkeit, Jahrhunderte auf sich warten lassen. Erst Ende des 20. Jahrhunderts begann unsere Kirche, zögerlich und unter Schluckbeschwerden, ihre Sünden offen zu artikulieren. Es ging voran. Und dann geschah etwas, das an ein Wunder grenzte. Im Jahr 2000 zu Aschermittwoch stand Papst Johannes Paul II. in Jerusalem an der Klagemauer und sprach im Namen der Christenheit die große Vergebungsbitte für die Kirche aus, für alles, womit Christen an den Menschen schuldig geworden sind. Insbesondere an den Juden, **„unseren älteren Brüdern"**, wie er es formulierte. Eine große, ehrliche Geste, aber überfällig! Überfällig wäre eine ähnliche Vergebungsbitte der Türken für das Christenmassaker, das sie 1915/1916 an den 1,5 Millionen Armeniern verübt haben, aber anstelle einer Reue erlebt die Welt vielmehr ein beharrliches Kleinreden dieser himmelschreienden Tragödie. Frage: Wann kommt auch für die Türken die Bekehrung?

Dieser Papst war es auch, der 1986 eine Synagoge und später eine Moschee betrat. Und er war es, der weltweit den Sonntag der Barmherzigkeit einführte und ihn als ersten Sonntag nach Ostern im Kirchenkalender fixierte. Erstaunlich auch sein Gang ins Gefängnis, um seinem (verhinderten) Mörder zu verzeihen. Wer tut so etwas? **„Habt keine Angst!"** – wer hat ihn nicht mehr im Sinn, diesen leidenschaftlichen Wiederholungsruf in die Welt hinein, der sein langes Pontifikat geprägt hat? Gern denke ich auch an seine Enzyklika **„Fides et ratio et splendor veritatis."** (Glaube und Vernunft) von 1998. Ihr geht es um den neuen Dialog mit den offenen wie verborgenen Atheisten und Andersgläubigen in einem viel humanistischeren

Rahmen als bisher, geleitet von den Begriffen Glaube und vernünftige Wahrheitssuche.

Verblüffend neue Zeichen sah man schon in seiner Enzyklika **„Ut unum sint"** (Dass sie eins seien) von 1995, in der er mit schlichten Worten seine Gefolgsleute wie seine Kritiker überraschend bittet, man möge ihm helfen, das Petrusamt und den Begriff des Papsttums besser zu verstehen. Der konservative Flügel bebte. Das war wohl einmalig in der Kirchengeschichte, dass ein Papst solche Gedanken auszusprechen wagte und sie gar noch in einer Enzyklika verankerte, dem päpstlichen Sendschreiben an alle katholischen Geistlichen der Welt. Hier klopfte er am einzementierten Konzept der zentralistischen päpstlichen Vormachtstellung gegenüber allen christlichen Konfessionen. Die teilweise leicht verrenkten Formulierungen (ich lese die französische Ausgabe) kommen von der schwierigen Auseinandersetzung mit dem Unfehlbarkeitsgedanken. Betrifft die Unfehlbarkeit die Person des Papstes oder das Lehramt und die Institution als Ganze? Woher erwartet die Welt ein Schuldbekenntnis? Man sagt, unfehlbar sei nur die Kirche als Braut Christi. Und wie oft wurden dann in der Vergangenheit einzelne Vertreter oder bestimmte Theologen an den Pranger gestellt und mundtot gemacht, um die Kreditwürdigkeit der Braut Christi zu wahren! Es gibt noch sehr vieles zu vergeben.

Die bisherigen wirklich ausgezeichneten neuen Papiere der letzten Jahrzehnte aus Rom, und es gibt deren viele, sind zwar keine Gesten der Reue im strengen Wortsinn, aber sie lassen Ahnungen zu. Hier und da springen Lichtfunken eines Versöhnungswillens auf und zeigen mehr Weltverständnis, mehr Dialog, mehr Demut und Bescheidenheit. Man hat den Eindruck, dass die Institution ihren alleinigen Besitzanspruch der Wahrheit vorsichtig hinterfragt, weil die Menschheit inzwischen eine göttliche Liebe spürt, die alle und alles verbindet. Ermahnt sich die Kirche selbst? Es gibt Indizien. Es hat nun eine tiefe und ernste Reuezeit auch für sie begonnen. Die katholische Kirche ist effektiv auf dem besseren Weg.

Seneca soll schon gesagt haben: **„Entscheidend ist nicht woher die Dinge kommen, sondern wohin sie gehen."** Denn es wäre sinnlos, die Vergangenheit erforschen zu wollen und sie gescheit zu beurteilen, ohne sie entsprechend zu „korrigieren", sodass wir der Zukunft zuvorkommen. Korrigieren bedeutet, sie gedanklich an ihrem „Tatort" aufzugreifen und in aufrichtiger Reue geistig zu vernichten. Zum Reuebekenntnis gehören der Blick auf die ursprünglichen Absichten, der Gegenentscheid und die Umkehr. Im Fall der Weltkirche wäre es die offizielle Änderung einer Haltung und Mentalität, die viele Fehler gedeihen ließ. Ich bin sicher, dass unsere Kirche das reuevoll erkennt und uns in naher Zukunft positiv überraschen wird. Hieß es nicht schon im Mittelalter, dass es wünschenswert sei, die Kirche konstant im Reformierungsprozess zu erleben und in der Fort- und Weiterführung ihrer heilbringenden Lehre?

Das sei ihr geschichtlicher Auftrag, hieß es, man nannte es die „Ecclesia semper reformanda". Allerdings nicht Reformation durch REVOLUTION. Das sähen heute manche gern. Nein, nicht das, sondern Reformation durch EVOLUTION. In geistiger Hinsicht. Und noch stärker würde ich sagen: **Wenn du die Kirche reformieren willst, dann werde vor allem ein Heiliger.**

KAPITEL ACHT
WELCHE BEICHTE?

Beim Stöbern in der Kirchengeschichte kann man alles finden. Auch peinlich genaue Tarife für ganz bestimmte Sündenlasten. Zweifellos tragen gespeicherte Erinnerungen solcher Art zur heutigen Situation bei, obwohl vom Beichtzwang längst keine Rede mehr ist. In verborgenen Abgründen lagen Sünden ungesühnt und unvergeben? Bis ans Lebensende und darüber hinaus für jene unter uns, die sich alles verscherzt hatten? Genau taxiert? Ja, das war die Drohbotschaft unserer Kirche, Todsünden können auch drüben nicht mehr eingelöst werden, so die irdische Versicherung. Also schloss man solche Sünder gleich vom nutzlosen Kommunionsempfang aus, mitunter gar vom Gottesdienst. Im Ort nannte man sie **„unsere schwarzen Schafe"**. Bis vor kurzem in Frankreich so erlebt. Offenbar kannte man den Trostschrei des Psalmisten nicht **„Herr, wenn du mir alle meine Fehler nimmst, was bleibt dann noch von mir? Aber die Vergebung lebt an deiner Seite."** Altes Testament wohlbemerkt! Oder die Gottesworte beim Propheten Jesaja: **„Fürchte dich nicht, ich habe dich erlöst, du bist mein"**... lesbar wie eine Antwort für den reuigen Psalmisten, sanft und endgültig.

Also keine Verdammnis? Ist die Hölle leer? Ich kenne niemanden, der diese Frage zu beantworten wagt, niemanden! Die Hölle nicht als Feuerort, sondern als unerlöster Zustand in „brennender" Reue bleibt als offene Möglichkeit bestehen, weil der Mensch als freies, geistiges Wesen erdacht und geboren wurde und ihm dieses grundlegende Schöpfungsprinzip der Freiheit, Gut und Böse zu unterscheiden, nicht einmal von Gott genommen werden kann. Es gibt immer jene, die sich frei zu Gott bekennen und es gibt die energischen Neinsager. Genau gesagt wählt der Mensch frei für oder gegen die Liebe. Deshalb sprechen wir auch von der **„unsichtbaren Kirche"** jenseits des Taufsakraments, in der sich alle jene befinden, deren Herz liebt. Zum Himmel kann keiner verurteilt und zur Liebe keiner gezwungen werden.

Aber keine Menschenseele weiß, ob die Hölle mit dem angeblich personifizierten Geist des Bösen eine potenzielle oder eine reelle Sache ist. Das wird uns bis auf Weiteres verborgen bleiben. Ich empfehle hierzu das schmale, ausgezeichnete Büchlein vom Schweizer Ordensmann Hans Urs von Balthasar (gest. 1988) **„Kleiner Diskurs über die Hölle"**, das im Grunde allen Hoffnung gibt, allen, auch den Ungetauften. Ich las die französische Fassung. Man sollte diese Hoffnung für alle unbedingt lesen und weitergeben, denn das Misstrauen ist noch immer groß. Schließlich hatte sich die feste Überzeugung des Hl. Cyprianus (gest. 258), Märtyrerbischof von Karthago, bis in unsere Tage zäh am Leben gehalten: **„Extra ecclesiam nulla salus"** (außerhalb der Kirche kein Heil). Heute, seit dem Ende des Konzils 1965, reagiert man mit stillem Bedauern und einer gewissen Erleichterung, denn etwas Wesentliches wurde ins Lot gebracht. Starke Traditionalisten allerdings, wie die seit 25 Jahren von Rom getrennten Piusbrüder, wollen „standhaft bleiben" und beharren auf dieser urchristlichen Heilsdefinition, festgeschrieben 1442 auf dem Konzil von Florenz. Sie warnen wie der Hl. Cyprianus und andere Große späterer Zeit vor der gefährlichen Spaltung der Kirche: **Wer außerhalb der Kirche sucht und sammelt, zerstört das Innere und arbeitet gegen Christus.** So erklärt sich auch ihr unbeirrbarer Höllenglaube.

Zurück in lichtere Gefilde. Die Kirche verurteilt nicht den gestrauchelten Menschen, weil dieser noch bis zu seinem letzten Atemzug wandlungsfähig sein wird, sie weiß um seine einzigartige, unverwechselbare und ewige Seele, sie verurteilt aber seine Fehlhandlung, den Sündenakt selbst, der sich von der Person trennen lässt. Informieren wir uns gut und bleiben wir fair in alle Richtungen, bevor wir einen römischen Schuldspruch verfluchen oder verlachen. Der ignatianische Geist der Unterscheidung wird immer gebraucht, er soll erlernt und geübt werden, appellierend an unsere unentwegte Wahrheitssuche.

Wo oder wie findet die wandlungsfähige Seele Hilfe? Es quält dich eine Schuld, du bereust sie aufrichtig, du willst mit dir ins Reine kommen, du übst dich in Selbstmitleid aller Schattierungen und meinst, es allein nicht zu schaffen. Die Unterstützung, nach der du verlangst, kann das flehende Gebet leisten, das innige Gespräch mit Gott, der immer bei dir ist. Dann geht dieser Prozess durch die göttliche Dimension hindurch und wird wirksam im Maß deines Glaubens und Vertrauens. In unklaren Zeiten brauchen wir das Stärkere, das Größere, dem wir uns zuwenden können. Oder du findest einen Geistlichen für die sakramentale Beichte, der die erlösenden Worte in persona Christi zu dir sagt: **„So spreche ich dich von deinen Sünden los."** Stellvertretend, denn es ist wirklich der strahlende Logos der Welt, Christus, der immer unendlich Größere, der restlos und spurlos vergeben kann und den gestürzten Menschen wieder aufrichtet. Bedenke, er, der die Welt erdachte und in dem sie gründet, er hält alles in Bewegung, auch dich.

Gottes Dimensionen sind endlos und seine Möglichkeiten unbegrenzt, daher ist er fähig, einen Sünder aus dem Gesetz herauszunehmen und ihn **„weiß wie Schnee zu waschen"**. Jesus kam, um das Gesetz zu erfüllen, doch auch, um es zu umgehen, wenn er es für richtig hielt. Es gibt ein lateinisches

Wort, **„summus ius, summa iniuria"** (der Höhepunkt des Rechts ist der Gipfel des Unrechts), ein Warnspruch, der sagt, dass die pedantisch kleinliche Anwendung von Gesetzesparagrafen unrechtmäßige und schmerzliche Situationen schaffen kann. Dagegen besitzen wir das Evangelium, das die Verantwortlichen mahnt, gegebenenfalls viel weiträumiger als das Gesetz zu denken und zu handeln. Jesus setzte immer Korrekturen an, er wollte begradigen, befreien, retten.

Die Kirche arbeitet immer auf zwei Ebenen, auf der moralisch-ethischen und auf der seelsorglichen Ebene. Für die erste wurden viele Gesetze geschmiedet, auf sachlichem, rechtsverbindendem Grund. Auf der zweiten versucht man, die Gesamtsituation einer Person menschlich zu erfassen und ist um ihren Frieden bemüht. Freilich entfernen sich beide Ebenen oft voneinander, der objektive und der subjektive Zugang widersprechen sich. Doch müssen diese beiden Pole erhalten bleiben, die Prinzipien hier und das pastorale Element dort. Das schöne Leitmotiv eines meiner Freunde lautet deshalb: **„Streng im Prinzip, aber mild in der Anwendung"**.

Ich erinnere mich an ein weit auslandendes Beichtgespräch mit einem Mann in Chicago, als ich dort als junger Priester für Zusatzstudien lebte und arbeitete. Es war sein erstes Schuldgeständnis nach 30 Jahren. Das ist nichts Seltenes und bis heute schockiert mich nichts Menschliches, aber da waren erstaunliche Dinge zu hören. Und als wir zum Ende kamen, drückte ihn die Furcht derart zusammen, dass er kaum noch Raumpräsenz besaß. Jetzt erwartete er die ganze Wucht des priesterlichen Richtspruchs, dem er sich fügen wollte in der Akzeptanz eines entsprechenden Strafmaßes. Er sagte, er wolle nun seinen angehäuften Schuldenberg bei Gott abtragen. Ich aber sagte ihm, das könne er nicht. Diese Rechnung ginge niemals auf. Wenn Gott Vergebung gewährt, dann gratis, denn sie ist immer unbezahlbar. „**Und doch vergibt er Ihnen alles**", sagte ich mit fester Stimme, „**weil Sie sich im einwandfreien Status tiefer Reue befinden**". Das bedeutete so schnell keine Erleichterung für ihn, ich sah es ihm an, der Mann reagierte erschrocken – und enttäuscht. Sein Verstehen brauchte Zeit, ich gab ihm zur „**Buße**" die üblichen Gebetstexte mit heim, betont ein Minimum, und er verließ mich sprachlos. Ich wusste jedoch, er würde nun endlich beginnen, über die unvorstellbare Gottesliebe zum Einzelnen nachzudenken, denn über sie hatten wir ausführlich gesprochen. Ich, ich war derjenige, der erleichtert war! Gott hatte diesem tief reuigen Herzen in seinen verfestigten Schuldgefühlen die Absolution erteilt.

Im milden Licht solchen Vertrauens sollte dieses Sakrament immer gespendet werden, doch die Gläubigen bleiben heute fern. Diesen Albtraum, als der das Ganze überwiegend erlebt wurde, nannte man in Frankreich gar „**das Tribunal der Buße**", später dann „**Buß-Sakrament**" und heute endlich „**Sakrament der Versöhnung**". Das nenne ich eine pastorale Sprachentwicklung! Ein neues Sprachkleid um wie viel schöner, positiver und gottgerechter! Unter diesem Namen kniet der Beichtende nicht mehr vor seinem „Peiniger", sondern wird eingeladen zur stillen Liebesbegegnung mit seinem Schöpfer, eingeladen zum Reuebekenntnis und zur Versöhnung. Könnten wir doch alle dieses große Geschehen würdigen! Gottes ausgestreckte Hand reicht bis in unseren bescheidenen Lebensalltag hinein. Gottes Anwesenheit ist das ständig wirkende Sakrament der Versöhnung seit seinem Kreuzestod. Paulus predigte es den Kolossern: „**Gott will im Kreuz Christi alles im Himmel und auf Erden versöhnen.**" Alle und alles.

Wie sehr Gott den einzelnen Menschen liebt, konnte nicht konzentrierter entschlüsselt werden als in den 14 Paulusbriefen, ganz zu schweigen von den „Liebesbriefen" des Johannes.

Was brauchen wir noch über diese drei Worte hinaus: **GOTT IST LIEBE**? Der sündige Mensch kann Gott in seiner Würde nie verletzen, wohl aber in seinem unbeantworteten Liebeswerben um uns. Unsere Sündenschuld wurde immer als eine „Beschädigung" Gottes verstanden, die wir zu büßen hätten, aber das lief falsch. Gott braucht keine Kompensation, es ging und geht ihm um seine Menschenkinder, um die Welt. Außerdem wurde das wahre Wesen eines Liebesgottes verzerrt. Wer liebt, sorgt sich zutiefst um den andern, er will ihn vor jeder Unbill schützen und äußert viele Ratschläge und Warnungen. Werden diese überhört und das Unglück trifft ein, dann leidet der Liebende unsäglich – doch seine Würde wird nicht tangiert. So steht es um unsere verunglückte Beziehung zu Gott, nicht seine Würde nimmt Schaden, wie könnte sie es, aber sein Herz leidet. Ist uns das nicht genug? Es leidet, weil es liebt. Kriegsworte wie Beleidigung und Strafaktion haben hier keinen Platz. Weil uns aber unser eigener Stolz so wichtig ist, übertragen wir seine Bedeutsamkeit auch auf Gott.

Gotterkenntnis, Welterkenntnis, Selbsterkenntnis. Wem gelingt das alles? Es gibt gutwillige Christen, die zwar nicht federnden Schrittes, aber doch leichten Herzens zur Beichte kommen, in ziemlicher Unkenntnis des Ausmaßes ihrer Vergehen. Für manche eine Art Wohlfühlprogramm. Wer in solchen Fällen ebenso leichtherzig vergibt, ermutigt Wiederholungstäter, schafft Selbsttäuschung und Selbstbetrug. Vergangenes auslöschen wollen heißt vor allem, die Absicht genau durchschaut zu haben und im eigenen Herzen zu sprechen **„never again – plus jamais – nie wieder"**.

Es ist schwer, einem spirituell Ungeübten in einer Viertelstunde klarzumachen, dass er bei diesem Versöhnungsakt in einen ganz anderen Bereich überwechselt, tief in die geistige Welt hinein. Von dort her wird der beste Teil in ihm erhöht handeln, nobel und frei, jenseits dessen was oder wie er glaubt zu sein. Soziologisch kennt er seinen Lebensraum genau und wähnt seine ureigenste Identität dort beheimatet, ohne zu ahnen, wie groß er in Wahrheit ist. Könnte ein Geistlicher ihm diese letzten Dinge auseinanderlegen und ihm seinen wahren Standort offenbaren, dann würde er unverzüglich an seine Bestimmung erinnert werden. Beim Vollzug eines authentischen Beichtgesprächs kann für ihn die geistige Dimension, aus der er stammt, aufspringen und erlebbar werden. Der ihm bleibende Erfahrungswert ist sehr hoch.

Jede Inspiration, die zum Verzeihen drängt, erwartet die notwenige Selbstüberwindung, einen Heroismus auf der Ebene des Seins und nicht auf der des Habens. Zu unserem „glücklichen Haben" zählen auch die ererbten religiösen Routinepraktiken. Du hast Gebete parat, die du auswendig hersagen kannst, du hast dir gutes theologisches Wissen angeeignet, du hast dir ein reines Gewissen gesichert durch wohlbeachtete Fastenregeln. Löblich alles! Aber bitte vor dem Fasten möglichst die noch reinere Geste einer Vergebung leisten, damit der Ritus greifen kann, denn **„wer sagt, er sei im Licht, doch seinen Bruder hasst, der ist noch immer in der Finsternis"** (I Joh. 1, 9).

Wenig, sehr wenig wissen wir über die geistigen Gesetze, und sie arbeiten verlässlich wie die Naturgesetze, die uns faszinieren. Die Weisheit der geistigen Gesetze aber erkennt solche Tricks wie pünktliche Fastenübungen oder große Gebetslitaneien als Alibi für die Unterlassungssünde einer Versöhnung. Kult und persönliche Praxis müssen in allen Religionen für vieles herhalten. Es gibt aber immer Dinge, die ihren Platz noch vor dem Ritus und selbst vor dem Beten haben müssen! Denn dann sind wir offen für Gottes Gnadengaben. All das arbeitet im Geheimen, auch wenn wir diese

Gesetze nicht begreifen. In völliger Gedankenlosigkeit gewinnt man aber seinen Himmel nicht, es gibt keinen spirituellen Automatismus, der uns das Ziel beschert mit rosa Schleife. Viel zu leicht fließt das Apostolische Glaubensbekenntnis den Gottesdienstbesuchern über die Lippen – **„ich glaube an die Vergebung der Sünden und an das Leben der kommenden Welt"**. Sonntag für Sonntag, ein Leben lang. Und beim Opferritus hören sie die Wandlungsworte **„seht das Lamm Gottes, das hinwegnimmt die Sünden der Welt"**. Und?…

Die Kirche bietet uns sieben Sakramente zum gläubigen Empfang – das Sakrament der Taufe, der Kommunion, der Firmung, der Ehe, der Krankensalbung, der Priesterweihe und der Versöhnung (ich verwende bewusst den aktuellen Namen des früheren Buß-Tribunals, wie es in Frankreich heute üblich ist). Gut. Ich aber kenne tausend Sakramente, weil die gesamte Welt ein Aus-Druck Gottes ist. Schon bevor er sich im Logos Jesus Christus inkarnierte, hat er sich aus-gedrückt im Universum, wie es die begnadeten Autoren der alttestamentlichen Bücher der **Weisheit** und der **Sprichwörter** innerlich erfuhren. Alles Existierende gründet im lebendigen Gott, er ist die Quelle alles Seienden. Auch die Psalmisten sangen es in Liedversen und Paulus beschrieb es ohne Ende: Der Schöpfer lässt sich in seiner Schöpfung finden, seine lebenden Geschöpfe reflektieren seine Glorie. Alles ist Abglanz. Das frühe Heidentum wusste mehr als wir ihm zubilligen. Naturvölker sind nicht gottlos, bewahre! Sie kennen Gott vermutlich auf ihre Art besser als unsere heutigen Techniker, Elektroniker und Mathematiker. Unsere Welt wurde entzaubert, wir müssen ihr den Zauber wiedergeben! Jede Kreatur sollte ein Gedicht oder ein Preislied für Gott bedeuten, dann könnten wir das Jenseits im Herzen unseres Lebens wahrnehmen. **„Das Reich Gottes ist mitten unter euch"**, so Jesus wörtlich.

Deshalb fühle ich mit Sicherheit, dass eine Sakramentenspendung kein in sich selbst eingegrenzter Vorgang sein darf. Sie muss als Konzept uneingeschränkt gelten, sie muss ganzheitlich die Dimension des menschlichen Wesens erfassen – und sein Umfeld. Es gibt tausend Sakramente, weil der Logos unvorstellbare Dimensionen hat, er ist unendlich und unendlich heilig. Das Leben, die Natur, der Mensch, die Liebe – alles ist heilig. Alles ist Gott zugehörig. Wie könnte es nur sieben heilige Bereiche geben, in denen Himmel und Erde sich berühren? Die Zahl sieben kehrt in der Bibel immer wieder, so fällt der Gerechte sieben Mal am Tage. Und wer hat das gezählt?... Die wenigen Sakramente, die wir kennen, sollen ja doch nur auf die Fülle und Ganzheit der Existenz hinweisen. Hier muss innerkirchlich noch sehr viel geregelt werden, ganz besonders im Sprachgebrauch der Sakramente.

Es ist schon vollkommen richtig, traditionell kannst du die Vergebung Gottes im Beichtgespräch suchen und sie im Sakrament vom Priester kraft seines Weiheamtes empfangen. Doch geschieht Schuldvergebung und Versöhnung unter den Augen Gottes auch dann, wenn Gläubige sich dieses Sakrament auf ihre Art spenden, unter der Bedingung, es geschieht in ganzer Aufrichtigkeit und Gottesnähe. Das wäre nicht weniger wirksam, es kann nicht anders sein. Sonst könntest du auch die Wirksamkeit deines Gebetes „im stillen Kämmerlein" vergessen, weil sich Gott angeblich nur für Gebete interessiert, die aus geweihten Kirchenbänken zu ihm dringen... Solchen Unsinn würde niemand hören wollen.

Wahrhaftiges Verzeihen unter Eheleuten, Freunden, Verwandten und Bekannten ist das, was Gott sich von uns wünscht. Dieses Tun bezieht dann seinen Wert und seine Wirkkraft direkt aus Gott, und seine Vergebung überschreitet mit Sicherheit die Grenzen eines geschaffenen Ritus. Vergebung,

Reue und Versöhnung stelle ich hier in eine hilfreich erweiterte Sicht, damit sie eine neue Aktualität gewinnen. Diese Erweiterung des Rahmens einer Sakramentenspende wäre dann auch nicht an einen vorgeschriebenen Ort gebunden, sondern tritt aus dem institutionellen Rahmen frei heraus und sucht die Existenz des Hilfesuchenden. Achtung bitte, mit dieser Sicht schmälere ich keineswegs die Bedeutung der priesterlichen Funktion, sondern ich weite sie aus **„auf alle Menschen guten Willens"**… so die Engelsbotschaft in der Weihnachtsnacht. Ich bin auch überzeugt, dass Jesus alle Menschen meinte, als er sagte, **„was ihr auf der Erde bindet, wird auch im Himmel gebunden sein"**, eine Versöhnung wird allen zur Neu-Bindung und offensichtlich zu einer überzeitlichen.

„Würdenträger" – die geistliche Amtsperson! „Hochwürden" – die Anrede! Hier schalte ich ein paar amtlich offizielle Worte über den Begriff des Weihepriestertums und den Vollzug des Versöhnungssakramentes ein. Sie stammen aus einer Ansprache von Papst Benedikt XVI. in Rom vor einer großen Gruppe von Priestern und waren zu lesen im italienischen „Osservatore Romano" vom 26.3.2011: **„Wir Priester sind dem ewigen Hohepriester Christus gleichgestaltet und dazu befähigt, in seinem Namen und in seiner Person zu handeln und den vergebenden und erneuernden Gott wirklich gegenwärtig zu machen (...) Der Vollzug des Buß-Sakramentes nährt im Priester das Bewusstsein seiner sakramentalen Identität."** Offenbar hält man es für angebracht, dass mit der Publikation dieser Rede auch Laienchristen sachgerecht erfahren, was vonseiten der kirchlichen Hierarchie hinter diesen anspruchsvollen Titeln und Begriffen gedacht wird.

Doch seit dem letzten Konzil wird vorsichtig der neue Begriff des **„Allgemeinen Priestertums"** verwendet, der für mich ein Meilenstein voran in die Zukunft bedeutet – oder eine Erinnerung an eine sehr weit zurückliegende weise Vergangenheit? Wer war Melchisedech? Seine mysteriöse, hohe Gestalt grüßt uns von einem Portal der Kathedrale von Chartres. Sein Name bedeutet „rechtschaffener König", er war Heide und ein nicht-jüdischer „Priester des Allerhöchsten" im 4. Jahrhundert vor Christus. Er kannte Erzvater Abraham, den großen Patriarchen, der sich von dieser heidnischen Lichtgestalt priesterlich segnen ließ, das will viel sagen. In einer Kirche in Ravenna findet man ein Mosaik aus dem 6. Jahrhundert nach Christus: Melchisedech steht opfernd am Altar und über ihm erscheint die Hand Gottes als Zeichen der Zustimmung und Verbundenheit.

Melchisedech gilt als die Symbolfigur eines **„universellen Priestertums"**, das der ganzen Menschheit gehört. Mit der allumgreifenden kosmischen Gottheit, die er vertrat und der er diente, konnte jeder Mensch direkten Kontakt aufnehmen. Teilhard de Chardin (gest. 1955) ließ das für unsere Zeit wieder lebendig werden und pries in seinen unvergleichlichen Texten diesen **Gott des Universums**, der keine Trennung zwischen „heilig" und „unheilig", Heiligem und Weltlichem anerkennen will, der jeden Menschen als priesterlich erachtet und ihn einzeln beruft. Jeder Mann und jede Frau steht in einer göttlichen Berufung, sie alle sind Priester und Priesterinnen der Schöpfung. Paulus will in seinem Hebräerbrief (7, 17) nichts anderes sagen: **„Du bist Priester ewiglich nach der Ordnung des Melchisedech"**: Gottähnlich handeln. Gottähnlich werden.

Deshalb möchte ich die Sakramentenspendung in den Alltag hereinholen, zusätzlich zum Gottesdienst am Sonntag, und ich beziehe mich auf das Dekret des letzten Konzils über das **Laienapostolat**. Und noch auf ein anderes Konzilspapier, die

Konstitution über die Liturgie, in welcher der brandneue Begriff **„participatio actuosa"** (die tätige Teilnahme) aufscheint. Ein bischöflicher Ausweis sozusagen, ausgestellt von etwa 2400 Konzilsvätern, zum gemeinsamen Messefeiern aller Getauften? Der Verkündigungsdienst zum allgemeinen priesterlichen Dienst erhoben? Ja, Teilnahme heißt Mit-Tun, heißt Amtspriester plus Gottesvolk sollen gemeinsam im **„Allgemeinen Priestertum"** tätig werden. Eine blühende Aufwertung des Laienapostolats! Die andere Seite der Medaille: Papst Benedikt XVI. fürchtet heute die individualistische Beliebigkeit im Umgang mit den Sakramenten, und das wäre tatsächlich nicht jedermanns Sache. Zudem zieht er gegen den alles verwässernden Relativismus religiösen Denkens und Glaubens unserer Zeit zu Felde, der das christliche Selbstbewusstsein verunsichert und schwächt, auch das vieler Priester.

Für den ultra-konservativen Geist wie jenen der Piusbruderschaft ist das letzte Konzil weitgehend inakzeptabel. Dinge wie die stetig fortschreitende Ökumene oder gar das Recht auf Gewissensfreiheit des Einzelnen sind für sie rote Tücher und jeder Anklang von katholischem Liberalismus ist für diese 550 aktiven Geistlichen (Stand Juli 2011) pures „Teufelswerk", wortwörtlich so formuliert und geglaubt. Papst Benedikt bemüht sich dennoch um Versöhnung. Für mich war und ist das Zweite Vatikanische Konzil ein leidenschaftliches Liebeswerk des Heiligen Geistes. Erfreulich der wohlklingende Begriff **„Gottesvolk"** für die Wesenheit der Kirche! Erfreulich, dass ein ganzes Dekret über das **„Laienapostolat"** erarbeitet wurde! Erfreulich auch dieser stimulierende Begriff eines **„Allgemeinen Priestertums"**! Die Getauften werden zur Mitverantwortung herangezogen. Inzwischen sind nun aber schon runde 50 Jahre vergangen und man will noch immer vor allem anderen den Ritus retten, koste es was es wolle! Ja, koste es was es wolle, anstatt mehr und mehr auf die menschliche Wirklichkeit einzugehen. Den Ritus in seiner Gestalt retten kann aber nicht das Wichtigste sein.

In Abwesenheit eines gültig ordinierten Priesters die Versöhnungszeremonie unter Laien, nein, das ist kein rechtmäßiges Sakrament, wird man mir entgegenhalten und meint damit, es sei ungültig. Formell – ja. Aber nur formell hat der amtierende Klerus recht. Warum, aber, so frage ich mich seit Jahrzehnten, diese unselige Spaltung zwischen heilig und unheilig, geweiht und ungeweiht und demnach nur profan, nach unten gestuft? Warum diese irritierende und in bestimmten Situationen aufreizende Trennlinie zwischen der Formel **ex opere operato** (aus dem Tun selbst wirkend, Gnade vermittelndes Tun), so der gebräuchliche Begriff für jede sakramentale Handlung eines geistlichen Würdenträgers seit dem Konzil von Trient im 16. Jahrhundert, und einer ehrlichen, versöhnungsbereiten, schlicht menschlichen Geste? Ist unser traditionelles Konzept nicht in einer gewissen Magie gefangen, welche gerade diesem Bruch zwischen der spirituellen und der restlichen Sphäre huldigt? Das Heilige wird hier gefeiert und das Unheilige fernab woanders?

Leider sind wir alle miteinander Gefangene einer quasi magischen Auffassung des Ritus und im Besonderen jenes der Sakramentenspendung. Wir beschränken uns ausschließlich auf die Befugnis des – sakramental geweihten – Priesters und dessen seltene Macht der durch ihn vollzogenen Sündenvergebung Gottes. Ob das wohl je im Sinne Jesu war? Müssen wir nicht doch allmählich von dieser absoluten Priesterfixierung Abschied nehmen? Meine nie ermüdende Botschaft ist die **EXISTENZRELIGION**. Sie möchte besonders unsere Sakramente ins Alltagsleben der Menschen einbringen, heiliges Tun sichtbar, spürbar, erlebbar machen. Die Exegeten aber haben diesbezüglich Jesu Worte allein für die Priesterschaft ausgelegt und feierlich versiegelt. Ich, selbst geweihter Priester, fühle hier Dinge, die noch nicht voll ausgeschöpft wurden. Keimen sie bereits?

Beispiel: Wie wäre es, wenn ich eine beichtende Person, die nach ihrem Bericht eine andere tief verletzt hat, aufforderte, zurückzukehren, um sich zunächst mit dieser auszusöhnen? Oder, noch besser, mit ihr gemeinsam zu mir zu kommen? Dann würde ich erst einmal als Zeuge auf die Absolution warten, welche die eine der anderen erteilt. Vermutlich wäre das sinnvoller und notwendiger als eine Bereinigung im Schnellverfahren durch einen vorbeieilenden oder gar fremden Geistlichen, der das kraft seines Amtes tut, weitab von den Augen der verletzten Person.

Und wieder wird man mich korrigieren und sagen, das sei keine sakramentale, also eine nutzlose Sache. Woher wollen wir das wissen? Wir ziehen ständig Wände hoch, besonders im theologischen Bereich, das mir schon als Seminarist gegen den Strich ging. Jesus war gekommen, um solche Mauern niederzureißen und die ganze Welt, „die sein Eigentum ist", vor dem Angesicht der Menschen zu segnen und zu heiligen. **„Gott war es, der in Christus die Welt mit sich versöhnt hat, indem er den Menschen ihre Verfehlungen nicht anrechnete und das Wort von der Versöhnung in uns gelegt hat. Wir sind also Gesandte an Christi statt und Gott ist es, der durch uns mahnt."**

Wir sind Gesandte an Christi statt, das sind umwerfende Paulusworte aus dem zweiten Korintherbrief, die nicht an eine exklusive Priesterschaft adressiert waren, sondern an alle neuen Christgläubigen dieser frühen Gemeinde. Allen wurde versichert, dass sie über das Amt der Versöhnung verfügen, weil Gott es ihnen durch den Auferstandenen verleiht, der diese Vollmacht von Gott besitzt. Und Petrus lässt die gewöhnlichen Christen gar zur **„auserwählten Rasse"** und zum **„königlichen Geschlecht"** aufsteigen (I P, 2, 9).

Als sich die wissbegierige Samariterin beim Wasserschöpfen bei Jesus, den sie zunächst für einen Propheten hielt, nach dem wichtigsten heiligen Ort erkundigt, an dem man Gott anbeten solle, bekommt sie zur Antwort, diesen Ort gäbe es nicht. **„Weder oben auf dem Berg, noch in Jerusalem werden die Menschen demnächst anbeten, denn Gott ist Geist, und alle, die ihn anbeten, müssen im Geist und in der Wahrheit anbeten"** (Joh. 4, 24). Mit dieser enormen Aussage will er klarstellen, dass die Welt in ihrer Gesamtheit seit seiner Menschwerdung ein Tempel ist, und um das zu bestätigen, setzt das Evangelium es mit der Todesminute Jesu in Beziehung: **„Da riss der Vorhang von oben bis unten entzwei und die Erde bebte"** (Mt 27, 51).

Der Prachttempel Salomos in Jerusalem gewährte im Vorhof allen Frommen Zutritt, Juden wie Heiden. Das war der äußere Bezirk. Näher zur heiligen Mitte hin war ein Bereich allein für Juden reserviert und die Haupthalle, auch „das Heiligtum" genannt, gehörte ausschließlich der Priesterschaft. Diese Bereiche waren durch hohe Mauern und Tore gegeneinander abgegrenzt. Und endlich der vierte Bezirk dieses sogenannten Palastes Jahwes mit dem **Allerheiligsten**. Dieser Raum durfte einzig vom Hohepriester betreten werden und auch das nur einmal im Jahr. Ein dichter Vorhang trennte diesen hochheiligen Bereich von allen anderen. Dass dieser Vorhang beim Sterben Jesu zerriss, ist keine nebensächliche Anekdote, noch war es Zufall, sondern ein großes Symbol mit bedeutender Botschaft: Mit Jesu Opfertod erfasste sein Geist, seine Seele, seine Liebe die gesamte Welt. Es ist getan. Wir müssen es nur noch weitersagen.

Das ist der Sinn der Auferstehung, klar wie das Sonnenlicht neben den gelegentlich verschlüsselten Evangelientexten. Das **Allerheiligste** hat sich ausgeschüttet ins Weltliche und wird nicht mehr „verhangen", verborgen vor den Augen der Menschen und versperrt verwahrt, sondern Jesu Göttlichkeit ging direkt auf uns über. Aber die Vernichtung des Vorhangs war noch nichts gegen die von Jesu angekündigte Zerstörung des gesamten Tempels: **„Hier wird kein Stein auf dem anderen bleiben"** – was 40 Jahre später wirklich geschah. Das einzige, das den frommen Juden bis heute aus der Ruine blieb, ist die Klagemauer.

Der „neue Tempel" ist unsere „neue Menschheit" und das heilige Universum. Jesu gleichnishafte Worte über seine Person als Messias lauten: **„Zerstört nur diesen Tempel** (meinen physischen Leib), **und ich werde ihn in drei Tagen wieder aufbauen"** (meinen mystischen Leib). Vom Gold- und Steintempel in Jerusalem zum lebendigen Fleisch- und Lebenstempel, den die neue Menschheit nach Jesu Auferstehung bildet.

Deshalb lese ich alles in einer hellen Perspektive, getragen von meinem unbesiegbaren Optimismus, wissend, dass Kirche und Lehramt die Geburt der Moderne noch immer nicht ganz verdaut haben. Und der Islam hat noch nicht einmal damit begonnen. Ich habe viele Vorträge unter dem Titel **„Jesus, der freie Mensch"** gehalten, denn er kannte die ewige Crux mit der Freiheit, vor der die Menschen lieber fliehen. An den Konsequenzen dieser Flucht haben sie aber immer gelitten, ohne den Zusammenhang zu verstehen. Setzen wir uns doch endlich nach 2000 Jahren mit diesem „Hindernis" auseinander! Ein Beispiel wäre: Da die herkömmliche Beichtpraxis in zunehmendem Maß kein Thema mehr ist, wünschte ich mir umso mehr die Entfaltung eines offenen Reuevorgangs in unserer Alltagswelt. Und da wir seit Ostern **EIN LEIB** sind, wirkt zugleich unsere Rückbindung an Gott allgemein friedensstiftend für unsere immer wieder blutende Welt.

Die Theologen sehen das anders. Sie sind sicher, es handle sich dabei nicht um einen ordentlichen geistlichen Dienst, sondern nur um Freundlichkeiten, Empathie und Harmonie im Kollektiv. Und wenn dem so ist, wäre das vor Gott etwa nichts? Ich zweifle. Faktum ist das blanke Messer, um die Dinge säuberlich zu trennen und auseinander zu halten. Als lebten wir in verschiedenen Welten. Das aber kann den Intentionen eines menschenvereinenden Jesus nicht entsprechen.

Geständnis: Die tragische Trennung von „heilig" und „nur weltlich" wird schon bei der sakramentalen Priesterweihe deutlich, indem die bischöflichen Hände das Haupt eines Getauften berühren, um ihn aus dem Volk noch ein zweites Mal „herauszuheben". Ein großer und seliger Moment, ich habe ihn selbst erlebt. Aber mir wurde auch sehr bald klar, dass nun dieses Geschiedensein vom Rest der Menschen Probleme bringt. Die Kirche teilt das Gottesvolk auf in Geweihte und Ungeweihte. In Wahrheit ist aber jeder Getaufte durch Christus schon ein Geweihter. Glücklicherweise hat die Kirche das mit dem neuen Begriff des **Allgemeinen Priestertums** aller Männer und Frauen offengelegt.

Für mich hat Christus eigenhändig die Tür zu diesem erweiterten Priestertum aufgestoßen. Er wollte einen Schlussstrich ziehen unter den Kastengeist seiner Zeit und dessen Denkkategorien. Denn jeder ist Gotteskind, ist Träger des göttlichen Bewusstseins, jeder ist Delegierter der Schöpfung, der unbelebten wie der belebten Natur. Das ist Teilhard de Chardins aufzeigender Pfeil der geistigen Evolution. Am Altar werden dafür schon wunderbare Worte und Gesten gebraucht, die dieses „Erheben" der Natur zu Gott feierlich darstellen. Der Mensch lässt in Dank und Bewunderung die Welt aufsteigen zu Gott. Ich höre und sage bewusst **der Mensch** und nicht **der Priester**.

All das bedeutet selbstverständlich nicht, man soll sich den Gang zu einem guten Seelsorger vollends schenken, nein, das meine ich nicht! Die klassische Beichte ist immer hilfreich und gut, wenn sie nicht in die alten Strickmuster und drohenden Bilderwelten ewiger Verdammnis zurückfällt. Mit diesen eher verderblichen Erscheinungsformen spirituellen Lebens wollen wir alle nichts mehr zu tun haben.

Wenn ich symbolisch die Zahl Tausend nahm, um die Unzählbarkeit der Sakramente anzudeuten, so will ich abschließend doch eines als einzigartig hoch herausheben – **das Geheimnis der Eucharistie und unsere Kommunion**. Die Eucharistie ist die Krone und das Herz aller Sakramente, sie ist ihre Synthese. Die Eucharistiefeier ist kein „mystisches Erlebnis", sie ist keine „wohltuende Gotteserfahrung", sie ist auch nicht einfach eine „ästhetisch hochwertige Dankfeier" für alle guten Gottesgaben. Gewiss, sie ist das alles und noch sehr viel mehr. Vor allem ist sie das tatsächliche Gegenwärtigwerden Gottes in Zeit und Raum. In diesem leider für Viele „unglaublichen" Moment gibt Gott sich dem Einzelnen hin und macht sich sinnlich erfahrbar. **„Der Leib Christi"** ist der göttliche Leib des Universums, alle Natur, aller Lebensgeist und alles Gottesleben werden mir in der Kommunion **personalisiert** zur Einswerdung gereicht. Das selbe Mysterium erleben zur Gänze auch meine beiden fremden Sitznachbarn im Gottesdienst, die Sekunden vor oder nach mir den selben heiligen Gottes- und Weltleib vollständig aufnehmen dürfen, in tief geschwisterlicher Verbindung mit mir.

Hier vollzieht sich etwas in der absoluten Dimension, in der Dimension der Transzendenz, in der Dimension der Unendlichkeit und der Ewigkeit. Die Eucharistie ist ein Sakrament unvorstellbaren und unerklärbaren Reichtums. Und wie, so frage ich, könnte DIESER GOTT so kleinlich mit uns umgehen wie ein unvollkommener Mensch, der nicht verzeihen kann?

KAPITEL NEUN
DER ZUKUNFT ZUVORKOMMEN

Sei es gegenüber dem verblüfften Steuereintreiber von Jericho, sei es in der dramatischen Szene um Leben und Tod mit der Ehebrecherin vor der selbstgerechten Meute, die Steinbrocken zur Hinrichtung schon in den Händen, oder sei es das ruhige, spirituelle Gespräch mit der Samariterin, einer Frau, **„die schon fünf Männer hatte"**, außerdem stammesfremd war – mit ihr hätte er der Sitte entsprechend gar nicht reden dürfen –, die Anzahl der Episoden im öffentlichen Wirken Jesu, die uns Gottes Herz offenlegen, ist uns nicht gegenwärtig, die Theologen haben sie gezählt. Aus allen Beispielen schimmert göttliches Licht, das Licht der Vergebung. **„Aber im Gesetz Mose ist es so vorgeschrieben!"** schreien die Ankläger der ertappten Ehebrecherin, deren Partner längst über alle Berge ist und den auch niemand sucht und straft. So ist es im Orient bis heute. Wie einen Müllsack hat man sie Jesu hingeworfen, doch er fühlt nichts als Mitleid – und befreit sie. Wie? Ein paar zündende Worte und er ist die Männer los: **„Wer von euch ohne Sünde ist, der werfe den ersten Stein"** (Joh. 8, 10-11), Worte, die in den allgemeinen internationalen Sprachschatz eingegangen sind, selbst Politiker verwenden sie heute.

Er befasst sich nicht intellektuell mit dem Sündenbegriff, weit entfernt davon, sondern direkt mit dem Gefallenen oder Schuldigen vor seinen Augen. Dabei übergeht er auch, wenn nötig, das Gesetz, ignoriert geschmeidig die Traditionen oder bricht Tabus, so dass den Jüngern Hören und Sehen vergeht. Sie erleben mit ihm die bedingungslose Vergebung an realen

Fallbeispielen, das ist ihre Schulung. Wie war es nur möglich, frage ich mich, dass man mit diesem Klartext über Jahrhunderte einen so schäbigen Gott verkündet hat?

Nachdenkenswert ist Jesu Annäherung an den verschlagenen „Oberzöllner" (Steuereintreiber) Zachäus in der Stadt Jericho. Der immer farbig und plastisch schildernde Evangelist Lukas informiert uns sehr genau, denn es ist wichtig zu wissen, dass dieser Mann „sehr reich" war und „klein von Gestalt". Als Jesus Einzug in die Stadt hielt, kletterte er schnell auf einen Maulbeerbaum, um gute Sicht zu haben. Und nun beachten wir gut die Reihenfolge: Zuerst tritt Jesus auf den Fremden zu, schaut zu ihm auf ins Geäst des Baumes, spricht ihn an: **„Komm herunter, ich will heute bei dir nächtigen!"** Den Umstehenden gefällt das nicht. Warum gibt er sich mit diesem Schurken ab, mit dem überall verhassten Sünder? Mehr noch, er will sich bei ihm einquartieren, so ernst nimmt er ihn? Ja, so nahe will er ihm sein! Vor allem nimmt er diesen Mann, wie er ist, das ist das Entscheidende und alles Verändernde. Jesus muss nicht zuvor die „Werke" dieses Mannes bedenken, nein, er krempelt ihn auf der Stelle um, weil er es dringend nötig hatte. Jesu überraschende Zuwendung in dieser Einfachheit war schon die Vergebung aller Missetaten. Zachäus' gieriges Vorteilsdenken schmolz hinweg, auf der Gottesseite ist man frei und fern davon. Gott ist an keine menschliche Geste gebunden, er setzt auch keine Bekehrung voraus, um sich zu nähern, sondern die Bekehrung ereignet sich als spontane Reaktion auf das Entgegenkommen Gottes, worin ein Mensch die Läuterung spürt.

Jesus hat den schlimmen Kerl vom Maulbeerbaum gelotst, damit sich ihre Augen träfen – das kann für eine Umkehr schon genügen. Eine Bekehrung ist Selbsterkenntnis in der spiegelnden Gegenwart Christi. Sie ist eine Reaktion desjenigen, der begriffen hat, dass sich der Himmel ihm zuneigt und sagt, ihm wurde vergeben, er ist gerettet. Die Freude darüber hören wir aus dem erregend schönen Gespräch zwischen dem erschrockenen kleinen Mann und Jesus: **„Herr, die Hälfte meines Vermögens will ich den Armen geben, und wenn ich von jemand zu viel gefordert habe, gebe ich ihm das Vierfache zurück. Da sagte Jesus zu ihm: Heute ist diesem Haus das Heil geschenkt worden, weil auch dieser Mann ein Sohn Abrahams ist. Denn der Menschensohn ist gekommen zu suchen und zu retten was verloren ist."** (Lk. 19, 8-10)

Meine bevorzugte Textreferenz, in Gold gefasst, ist die ausgedehnte Parabel vom verlorenen Sohn. Ein kerniges Lehrstück. Auch hier geht es um die Akzeptanz durch Gott, so wie wir sind oder so wie wir uns zugerichtet haben. Der untreue Sohn kehrt zuversichtlich heim, ohne gute Werke im Gepäck, im Gegenteil, nichts als Unrecht, Schande und Verluste. Doch wie sein Vater ihn empfängt, das wissen wir: völlig außer sich! Der ganze Text vibriert in dieser springenden Freude über den Heimkehrer. Wir erleben ihn, wie er dem Sohn entgegenjagt. Wortlos drückt er ihn ans Herz. Er stellt ihm keine Fragen.

Sage mir jemand, wie oft diese Szene in der christlichen Kunst, der alten wie der neuen, schon verewigt wurde! Gerade gab mir jemand eine Karte mit diesem Motiv, ein Bild des metaphysischen italienischen Malers Giorgio de Chirico (gest. 1978). Christliche Künstler geben uns, wenn sie es ernst meinen, Aufschluss über das Gottwesen. Ihre Intuition lässt uns ahnen: Gott richtet auf. Gott bewahrt vor dem endgültigen Fall. In diesem Gleichnis offenbart sich mir der wahre Gott, weshalb ich den Text hundertfach bei meinen Exerzitien und jeglicher apostolischer Arbeit verwende. Der Vater ahnte, wie es um den Sohn stand, er wartete, liebte und hoffte. Und das war es, was der scheiternde Sohn in der Ferne spürte. Bevor es zu spät war, kehrte er heim. Er zweifelte nicht, er wusste, dass ihn kein Strafgericht erwartet, sondern nur die väterliche Freude. Umkehr und Wandel im Ahnen des bedingungslosen Angenommenseins.

So endgültig kann das Böse in der Liebe aufgelöst werden. Der Hl. Augustinus wusste: „**Alles ist Gnade, sogar die Sünde**". Hier sind wir wieder bei der Dialektik von Gut und Böse. Böses wird in einem zumeist sehr verborgenen Hergang Gutes erzeugen. Das Böse muss aufgehen im Guten, das ist sein Schicksal. Gott hat den gefallenen Engel, Satan, nicht sofort entmachten und ihm seine Freiheit nehmen können, das Freiheitsprinzip ist ein geistiger Baustein der Schöpfung. Aber er hat uns das Ende des Bösen verheißen. So dürfen wir eine bewusste Funktion vieler dunklen Schatten im Weltgeschehen annehmen, die letztlich das dauerhaft Gute hervorbringen. Mysterium! Aber so ist die Welt gemacht und in dieser wechselseitigen Beziehung geht sie voran. Leben und Tod und wieder Leben. Gutes und Böses und wieder Gutes. Dankbar lesen wir die Botschaft vom guten Ende und wissen, dass während der letzten Stunden „**das große Licht die Finsternis verschlingen wird.**" Dazu die leuchtenden Worte aus der Offenbarung: „**Sieh, ich mache alles neu. Diese Worte sind wahr und zuverlässig**" (21, 5).

Und Gott steht nicht abseits und betrachtet das Geschehen, es gibt nur das Eine, das Ganze, alles wirkt in sich zusammen. Das Böse als verneinendes Prinzip und zerstörerische Macht im Weltgeschehen gelangt auch über den von ihm verführten und geschwächten Menschen zu Gott. Auch Gott leidet! Wer das verneint, weiß nicht was Liebe ist. Nennen wir es den Ungehorsam gegenüber der Weisheit Gottes und seiner wohlgefügten Ordnung. Der Gesetzesbrecher beleidigt nicht die Ehre Gottes, sondern er schafft Unordnung. Der Gleichklang lautet: Ungehorsam gleich Unordnung, das Böse kann greifen, es wartet nur darauf. Und dann trifft es alle und alles, weil es nur ein Ganzes gibt, es trifft den Menschen, die Welt – und selbst Gott in seinem Innersten.

Gott straft nicht. Lässt er uns aber pädagogisch gewisse Therapien angedeihen? Versuche, uns durch Schockerlebnisse wachzurütteln? Ein Unglück aus Gottes Hand? Wer kann es wissen… Nennen wir es ein Mittel, uns in die gottgegebene Ordnung zurückzurufen. Oder uns anzuregen, unsere Antennen auszufahren, um fremde Not zu registrieren. Vielleicht wird unsere Nächstenliebe von Gott gefordert. So kann man dem göttlichen Willen ein wenig auf die Spur kommen und plötzlich auf einer anderen Ebene anders erwachen. Wir sind dann **„zu uns gekommen"**, heißt es, wir haben unschätzbares Erkenntniswissen erlangt, denn von Natur her sind wir unwissend.

„Wer hat gesündigt, der Blindgeborene oder seine Eltern?" wird Jesus gefragt, aber eine Behinderung ist keine Gottesstrafe. **„Weder er, noch seine Eltern haben gesündigt"** gibt er zur Antwort. Aber heute quälen sich damit noch immer verängstigte und zweifelnde Menschen. Ganz ernst genommen haben sie das christliche Erlösungsgeheimnis noch immer nicht. Seit den ersten Ostertagen sind wir Erlöste und werden den Himmel gewinnen, und wir werden entschädigt werden für vieles Verlorene. Wir werden verwandelt werden, um so viel Schönheit und reines Licht ertragen zu können und um alle Wohltaten zu erfassen. Gott bringt nur Sinnvolles auf den Weg. Teils auf Umwegen nach seinem Ratschluss aber immer dem einen Ziel entgegen. Das kannst du ahnen, das kannst du glauben, das kannst du verwerfen, das kannst du wissen, das kannst du als zeitweilige Gotteserfahrung real erleben, wenn die Gnade dich streift und es dich erfassen lässt. Du wirst immer geliebt, fürchte dich nicht, deine Teilhabe ist gesichert.

Der Zukunft zuvorkommen! Sicher prüft Gott auch seine Freunde und stählt ihren Glauben, beginnend mit dem makellos frommen Abraham. Oder Job. Denn er hat unsere Ewigkeit im Sinn, die Reinheit. Oft werde ich nach der Bittzeile im Vaterunser gefragt „**... und führe uns nicht in Versuchung, sondern erlöse uns von dem Bösen**". Unsere Kopten in Ägypten beten das inbrünstig in Arabisch: **„najjina mina chirrir"**. Das Wort **chirrir** kommt von **shan**, und das meint den leibhaftigen Teufel und nicht nur das Böse schlechthin, so wie die westliche Kirche es betet. Die arabische Übersetzung kommt aber dem Original näher, denn Jesus bezog sich nicht philosophisch auf die Ideenwelt des Bösen, sondern konkret auf „den Bösen" selbst. Mysterium! Von dieser unerforschlichen Existenz, die uns schwächen will, möchten wir schadlos gehalten werden. So die Bitte im Vaterunser. Vergessen wir nicht, dieses Gebet aller Gebete ist Jesu Wortlaut. Es ist **sein Text**, es war **seine Antwort** auf die Frage der Jünger, wie man beten solle. Inzwischen lesen und hören es, meditieren und beten es 2,2 Milliarden Christen aller Konfessionen auf diesem Planeten.

Wir werden vorbereitet auf die Ewigkeit. Und das zwischenmenschliche Verzeihen hat schon sehr viel mit Tod und Auferstehung zu tun. Die Überwindung zu einem authentischen Vergebungsakt, oder das Durchringen zum eigenen Schuldgeständnis können „Agonien" bedeuten. Weil ich aber an die große Auferstehung aller glaube, glaube ich vorbereitend an viele kleine Auferstehungen während unserer Lebenstage nach einem solchen „Tod". Christi Auferstehung ist nicht nur dieses Dogma aus ferner Zeit, Anlass zu strahlenden Osterfesten in aller Welt, sondern zugleich das Unterpfand unserer individuellen Auferstehung, millionenfach in diesen messianischen Worten interpretiert. Beide sind eins. Andernfalls hätten wir ja nur ein Jubiläum zu feiern oder ein steriles Dogma zu befolgen, aus dem kein neues Leben zu erwarten wäre. Die Auferstehung Christi soll unbedingt auch zur Auferstehung meiner lieben Nachbarin oder meines Arbeitskollegen führen, von meiner Familie ganz zu schweigen.

Welches Attribut gaben ihm, dem Auferstandenen, die Maler hundertfach? Was trägt er in der Hand, wenn er sein Grab verlässt? Die rot-weiße Siegerfahne, die ebenso der Menschheit gilt. Jeder von uns ist ein Aufruf zur Transzendenz, jeder kommt einmal nicht nur bei sich selber an, sondern auch bei Gott, und das bereits im Hier und Jetzt. Und wo könnte dieses Werden und Gelingen schönere Züge annehmen, als auf dem bewegten und bewegenden Feld der Liebe? Dort sind Vergebung und Heilung vielleicht am meisten gefragt, dort kann Auferstehung eingeübt werden von denen, die „guten Willens" sind.

Die wenigen Worte über die Auferweckung des Lazarus, seines Freundes, sind für mich signifikant. **„Er riecht schon, Herr!"** hieß es an der Grabeshöhle. Man wollte Jesus warnen, lass es sein, es klappt sowieso nicht. So der natürliche Zweifel der Freunde, die mit ihm waren. Dann aber die übernatürlichen Worte unseres Heilands zur aktuellen Situation und zugleich sein erschütterndes Selbstzeugnis: **„Ich bin die Auferstehung und das Leben, wer an mich glaubt, wird leben, auch wenn er gestorben ist. Glaubt ihr das?"** (Joh. 11, 25). Wenn wir in der Eucharistiefeier die Hostie gereicht bekommen, dann sagt der zelebrierende Priester nicht **„das soll den Leib Christi darstellen"**, sondern er sagt: **„Das IST der Leib Christi"**. Wir bekommen den ganzen Leib der Welt in seiner Gesamtexistenz real gereicht, denn sie ist SEIN Leib – mit allen Bergen, Blumen und Sternen, mit allen Menschen und Tieren und Meeren. Glauben wir das?

Es gibt nur das Eine. Auch Himmel und Erde sind eins. Der Logos, Christus, ist in der Welt nicht lokalisierbar und doch überall präsent. Wie die Seele des Menschen im Körper. Er ist auch unsere Vernunft, die uns hilft, diese wesentlichen Geheimnisse mehr und mehr zu erfassen. Möge immer mehr Menschen der Glaube an die Auferstehung zur Selbstverständlichkeit werden, mögen sie mit Zuversicht gesegnet sein, die noch mehr ist als Vertrauen. Friede jenen unter uns, deren Geist das begreift, denn sie erkennen den Sinn ihrer Existenz.

Der erwähnte französische Visionär Jean Lacroix hat drei Etappen unserer Gesellschaftsentwicklung benannt – mit der Liebe im Fokus. Außergewöhnlich! Zunächst regierte die nackte Gewalt, später das verpflichtende Recht und dann zog am Horizont die Liebe auf. In der ersten Etappe das Dschungelgesetz, in der zweiten der Gesetzesstaat und in der dritten wird die Nächstenliebe das Sagen haben. So seine Voraussage. Ja, eines Tages wird sie alles durchdringen können und bestimmen und manches nobel klingende Gesetz gar ins Abseits verweisen.

Jetzt bastelt die Weltgesellschaft noch auf der zweiten Stufe, blockiert sich selber durch immer noch mehr Rechte und Gesetze, die Liste wächst rapide. Aber erst in der dritten Etappe wird der Heilprozess unserer erschöpften Gesellschaft einsetzen können. Dann wird die Welt wohl auch erleben, welche eminente Rolle die Schuldvergebung aus Liebe spielen wird. Denn Mord und Totschlag beginnen schon im Sinnen und Sagen der Einzelnen, die fern der Liebe ihre Handlungen setzen. Jesus wollte diese Teufelsküche mit der Bergpredigt eliminieren, und sie hat das Potenzial dafür.

Wie hoch verehrte Gandhi die Appelle dieser großen Rede Jesu und wie bitter bedauerte er, dass sie nicht umgesetzt werden. So stehen wir Christen ohne Glaubwürdigkeit vor den kritischen Augen eines Hindus, der das Evangelium sehr gut kannte. An diesem Maßstab heißt es, sich hochzureißen und über sich selbst hinaus, um zur Überschreitung des einseitigen Gesetzesdenkens zu gelangen und in eine bessere Logik einzutreten, in die Logik der Liebe. Nur die Liebe vermenschlicht. Christen sind der Welt ein Zeugnis schuldig, meinte Gandhi. Vielleicht ist es aber gegenwärtig das grauenhafte Zeugnis der täglich zunehmenden Christenverfolgung, der brennenden Kirchen und Wohnungen und der nicht mehr zu zählenden Märtyrer.

Mein Glaube an den Menschen ist dennoch unzerstörbar und die Zuversicht in unsere Welt ungebrochen. Nur zwei Beispiele will ich nennen, die für die Überwindbarkeit von tiefstem kriegerischen Hass in Europa und dem ebenso tiefen Rassenhass in Nordamerika stehen. Länder wie Frankreich und Deutschland vergaben sich letztendlich ihre Ruinenfelder mit Kriegstoten in Millionenzahlen während der letzten Jahrhunderte, insbesondere des letzten. Und dieser einst ausgeblutete Kontinent übernimmt heute in vielerlei Hinsicht die Vorreiterrolle in unserer Welt. Rassenhass: In den USA hatte der farbige Bürgerrechtler Martin Luther King (ermordet 1968) seinen Versöhnungstraum so laut geträumt, dass er realisierbar wurde. Heute findet man keine Warnschilder mehr an den Türen der Restaurants **„Zutritt für Neger und Hunde verboten!"**. Inzwischen erlebte die Welt zwei farbige Außenminister am Verhandlungstisch mit dem amerikanischen Präsidenten – Colin Powell und Condoleeza Rice. Und dann zog Barack Obama mit Familie ins Weiße Haus.

Wir erleben, dass völlig undenkbare Dinge wirklich geschehen, aber es gibt politische Propheten, die sie ankündigen. Das müssen wir in unseren Erfahrungsschatz hineinnehmen, um künftig genauer hinzuhören, um früher vergebungsbereit zu werden. Wenn es Orte gibt, wo exzessiver Kriegshass und Rassenwahn in die vollständige Aussöhnung münden, dann gibt es Hoffnung für alle und alles. Man spürt, die Völker haben andere Ziele und wollen aus der Geschichte lernen, das ist offensichtlich. Es ist auch das Verdienst des spirituellen Propheten Teilhard de Chardin, verkündet zu haben, dass die kommende Globalisierung (zu seiner Zeit pure Vision) der Vorbereitung unserer großen Menschheitssynthese dient. Ihm war das tragische Schicksal vieler Propheten beschieden, die viel zu früh viel zu laut denken. Man gibt ihnen den Stempel „**Häretiker**" auf die Stirn und verbindet ihnen fest den Mund. Später ist man anderer Meinung und spricht sie heilig. Das ist schon vorgekommen. Freilich gibt es tatsächlich Wahrheiten, die glasklar erkannt und intern verhandelt, aber doch noch unter Verschluss gehalten werden, weil der Großteil der Menschen noch schläft.

Das ist der Fall dieses Teilhard de Chardin (gest. 1955), Meisterdenker und Visionär, französischer Ordensmann und Evolutionsforscher, Paläontologe, Mystiker, Literat und noch einiges mehr. Er wusste, was Paulus beschrieb, wird heute greifbar. Wir, alle Menschen, sind Glieder und Zellen ein und desselben Leibes und werden den **zweiten Adam** (den vollkommenen Menschen) heranbilden. Die großen Weisen, die alten Propheten, verstanden noch hervorragend die Selbstmitteilungen Gottes, sie verstanden ihn und erkannten das Menschheitsziel am fernen Horizont. Desgleichen lasen sie es intuitiv aus der Evolution. Unsere Reise geht vom virtuellen zum reellen Adam/Eva, nicht nur **voll** personalisiert, sondern **über**personalisiert, wie Teilhard es darlegt und wie wir es uns heute unmöglich ausmalen können. Jeder von uns wird einmal **über**bewusst existieren und sich **über**dimensional reich an inneren Werten erkennen, die sich bei und mit Gott verewigen. Seligkeit.

Schon in meinen sehr jungen Jahren hatten mir die ersten Schriften Teilhard de Chardins den Blick durch diese geistige Analyse des Kosmos außerordentlich geweitet. Überzeugt von der Heiligkeit und dem inneren Streben der Natur war ich ohnehin, er aber hat ihre Tiefen in diesem besonderen Licht ausgelotet und unermüdlich auf ihr Ziel hingewiesen – **die Überpersonalisierung des vollendeten Menschen in der Gottesgegenwart**. Auch ich „weiß", dass Gott unsere lebendige Wirklichkeit von innen erfüllt und in jedem von uns wirkt. Das ist **der Weltleib als Tempel Christi**, wie es heißt, das ist **die Heiligkeit alles Lebendigen**! Schon aus den Strukturen und Verhaltensweisen der ersten Materie las Teilhard die Botschaft eines Aufstiegs zur großen geistigen Synthese. Und dieser ferne Pol ist die lebendige Person Jesus Christus, sie zieht uns an bis zur mystischen, universalen Vollendung: Mensch und Gott unauflöslich vereint.

Wir haben Teilhard de Chardins berühmte „**Hymne an die Materie**", welche für ihn bereits in ihrer niedersten Form heilig ist. Eine Hymne für Gott gedichtet, ein großer, moderner Psalm. Ich weise jedoch auf eine Gefahr hin: Teilhard wird heute gern im esoterischen Trend mit vereinnahmt – Rotes Licht! Möge man ihn nicht missverstehen und die Natur in der Art des Heidentums neu „vergöttert" sehen. Nein, sie soll voll und ganz **christusbezogen** verstanden sein, eingebettet ins Mysterium von Erlösung und Auferstehung.

Diese geistige Globalisierung sah der Völkerapostel Paulus schon vor 2000 Jahren vor dem inneren Auge, da sie in den wörtlichen Aussagen Jesu gründen. Paulus hat die Auferstehung seines Herrn – und damit der ganzen Welt – exakt verstanden, er wusste, was sie im Letzten für das Ganze bedeutet, er wusste, dass die göttlichen Worte „ich bin..." die Zukunft vorweggenommen haben: Beispiele: „**Ich bin das Haupt, ihr seid die Glieder. Ich bin der Weinstock, ihr seid die Reben. Ich bin der Menschensohn. Ich bin der, der kommen soll. Ich bin der Lebendige. Ich bin die Auferstehung und das Leben. Ich bin das Licht der Welt. Ich bin das Reich Gottes. Ich bin der Erste und der Letzte. Ich bin der Anfang und das Ende."** Deshalb ist er es, der einsammelt bis zur letzten Stunde der Vollendung. Dieser CHRISTUS UNIVERSALIS ist DIE Antwort auf unsere größte aller Menschheitsfragen.

Gelegentlich kommt mir auch ein bestimmter Strom nordamerikanischen Denkens und Ahnens in den Sinn, den der Philosoph Alfred North Whitehead (gest. 1947) **„God as a process"** genannt hat. Er war Naturphilosoph und Mathematiker, lange Zeit Harvard-Professor, und hat eine neue Metaphysik, eine Art Prozess-Theologie entwickelt. Im Zentrum steht der Denkversuch: Gott ist Teil unserer realen Welt, bleibt aber immer göttlich frei und in sich vollkommen. Er entschied sich aber, in seine Schöpfung eingebunden zu sein und durchlebt die Existenz mit uns gemeinsam. Einen **„Gott des Werdens"** nennt ihn die Bewegung, weil er sein Universum als fortlaufenden Prozess entwarf. Nichts und niemand, nicht einmal Gott, ist jetzt am Ziel, sondern alles befindet sich im Werden auf dem gemeinsamen Weg. Nun gut, das ist eine Hypothese, aber sie ist nachdenkenswert. Zumindest bringt sie existenziell dem Menschen die Gottesperson „hautnah", und das ist mir wichtig.

Warum präsentiert uns die Kunst nur allzu oft Gott als weißbärtigen Greis? Da sträubt sich doch alles! Vielmehr ist

Gott sprühende Jugend, das ewig faszinierend Neue und Überraschende, der Lebenspuls selbst und alle Lebensdynamik. So erlebe ich Gott. Und den Heiligen Geist, **„der Leben schenkt"** (Credo). Gottes Leben ist ein Leben in der ständigen Selbstüberschreitung, weil es auch Beziehung ist und Liebe, immer wieder Liebe! Lass dir einmal die Johannesbriefe auf der Zunge zergehen. Oder geh' in den Wald und bete und meditiere so lange bis du es spürst und zum Erkenntniswissen gelangst.

Anstatt zu warten, bis das Böse sich bemerkbar macht und sich vor unseren Augen frei entfaltet, um dann erst versöhnungsbereit zu werden, JETZT gegensteuern, der Zukunft zuvorkommen, der Geschichte die Weichen stellen! Alle Tage ein wenig mehr glauben, dass eine andere Gesellschaft möglich ist, eine tiefe, geistige Menschlichkeit. Dann würden wir für unsere Kinder die Welt bekommen, von der wir träumen. Ohne inneren Wandel sind alle politischen Superstrukturen, alle wirtschaftlichen Glanzleistungen, alle idealistischen Sozialreformen letztlich zwecklos. Wir hoffen weiter.

Hoffnung trügt nicht. Hoffnung kündet Verborgenes an, das sein wird. Hoffnung gründet in einer unerklärlichen inneren Gewissheit. So steht es auch um unsere Auferstehung in Unsterblichkeit, die als Glutkern schon in uns vorhanden ist. **„Ich sage dir, heute noch wirst du mit mir im Paradiese sein"** (Lk. 23, 43) sprach der sterbende Jesus zum Versager am Nachbarkreuz, dessen Herz noch während seiner letzten Schläge überraschend wahre Reue zeigte. Ihm wurde ein erlösendes Versprechen gegeben, das zugleich Räume und Zeiten übergreifend gemeint war für Viele: es ist der vollkommene Freispruch von Schuld durch Einsicht und Reue. Intuitiv benutzen wir ein kühnes Wort, das in Wahrheit ein geistiges Wunder bedeutet: die **Wiedergutmachung**. Etwas kann durch eine Geste, durch ein Wort, wieder gut werden, weil wir den reinen Ursprung ahnen, den gottähnlichen Grund alles Menschlichen.

Reue und Versöhnung sind Reinigungskräfte. Zugleich weiten sie sich aus in planetarischen Dimensionen und dienen dem Ganzen. Auch wenn unser Weg oft unbegehbar erscheint, es gibt keinen anderen. Wir müssen ihn wollen. Aber wurde er uns nicht vom Evangelium mit Warnschildern und Wegweisern bestückt voll ausgeleuchtet?

KAPITEL ZEHN
GEBET I

Herr, Du verlangst das Unerreichbare von mir!
Ein Ideal hast Du mir in die Seele gesetzt,
das an den höheren Menschen in mir appelliert:
Indem ich meine Grenzen überwinde
soll ich Dir ähnlich werden und vollkommen wie Du,
so hat es sich Christus wörtlich gewünscht...

Herr, Du bittest mich, heroisch zu handeln
und in der Selbstüberwindung Vergebung zu leisten,
bedingungslose Vergebung, wie auch Du sie uns schenkst,
wenn wir uns nach Rettung und Heilung sehnen.
Du hast uns nicht für den Tod erdacht,
sondern für das Leben.

Herr, lehre mich die Schönheit des Verzeihens
und die Tugend des gründlichen Vergessens.
Inspiriere mich, tiefer in unser Menschsein vorzudringen
wo ich mich spiegelnd in Dir erkenne
im wahren Licht Deiner reinen Liebe
und verheißenen Unsterblichkeit.

Herr, hilf mir, die anderen gütig zu lehren
was Auflösung von Schuld für beide Seiten bedeutet,
heute und in den Dimensionen des Ewigen.
Führe mein Herz zur Erkenntnis des Geistigen
in allem Lebendigen,
um Dir in stillen Liedern unentwegt zu danken.

GEBET II

WAHRE VERGEBUNG unter uns Menschen:
was immer auch geschehen konnte,
steigt auf zur Gottesebene ins Geistige,
weil wir handeln wie er.
WAHRE VERGEBUNG verachtet die Logik der Stärke,
um sich in der Logik der Demut zu entfalten.
WAHRE VERGEBUNG verzichtet auf die Strenge und Härte
einzufordernder Rechte,
um sie gegen das Mitgefühl einzutauschen.
WAHRE VERGEBUNG wirkt ungehindert, nichts hält sie auf,
nicht einmal der Undank,
oder die Gefahr des Scheiterns einer Versöhnung,
denn das Angebot bleibt bestehen.
WAHRE VERGEBUNG entscheidet das Wenden des Blattes,
um Freiraum zu geben für Neues und Anderes.
WAHRE VERGEBUNG ist Nächstenliebe im reinen Zustand,
eine Auferstehung im Hier und im Jetzt,
WAHRE VERGEBUNG stellt keine Bedingungen.
So liebt uns die göttliche Liebe,
so handelt sie an uns Menschen
und wir werden Gott ähnlich, wenn wir vergeben wie er.
Dann öffnen sich geistige Weiten und Tiefen,
in denen wir uns verstärkt erleben,
denn Gott holt uns immer zu sich
aus unserem kleinen Alltag in größere Räume,
wenn wir lieben und vergeben mit seiner Gnade,
die uns ruft und begleitet.

WEITERE BÜCHER VON HENRI BOULAD
in der Übersetzung von Hidda Westenberger

ALLES IST GNADE (3. Auflage)
Der Mensch und das Mysterium der Zeit

DIE VERNUNFT DES HERZENS (4. Auflage)
Wohin die Seele strebt

DIE TAUSEND GESICHTER DES GEISTES (2. Auflage)

STURM UND SONNE (2. Auflage)
Christus als Stein des Anstoßes in Europa

MYSTISCHE ERFAHRUNG
UND SOZIALES ENGAGEMENT (2. Auflage)

DER MYSTISCHE LEIB (5. Auflage)
Kosmischer Zugang zur Eucharistie

JESUS IN DIESEN TAGEN (3. Auflage)
Zwölf moderne Gleichnisse

STARKES TUN, STÄRKERES SEIN (2. Auflage)
Zwölf moderne Gleichnisse

DIMENSIONEN DER LIEBE (5. Auflage)
Persönliche Aufzeichnungen

GOTTESSÖHNE, GOTTESTÖCHTER (4. Auflage)
Gelebte Existenzreligion

SAMUEL SAMUEL! (1. Auflage)
Alexandrinische Predigten

IM LICHT DER HINWENDUNG (3. Auflage)
Vorträge vor Geistlichen

ZEUGNIS DER WAHRHEIT (1. Auflage, vergriffen)
Interviews und Gespräche

ORDNE DEINE TAGE IN FREIHEIT (4. Auflage, vergriffen)
Selbstverwirklichung und Erlösung